非暴力沟通的父母语言

罗 艳/编著

漫画手账版

NONVIOLENT
COMMUNICATION

民主与建设出版社
·北京·

© 民主与建设出版社，2023

图书在版编目（CIP）数据

非暴力沟通的父母语言 / 罗艳编著. -- 北京：民主与建设出版社，2023.10（2024.7 重印）
ISBN 978-7-5139-4415-1

Ⅰ. ①非… Ⅱ. ①罗… Ⅲ. ①家庭教育 Ⅳ. ① G78

中国国家版本馆 CIP 数据核字（2023）第 212565 号

非暴力沟通的父母语言
FEIBAOLI GOUTONG DE FUMU YUYAN

编　　著	罗　艳
责任编辑	周佩芳
封面设计	天下书装装帧设计
出版发行	民主与建设出版社有限责任公司
电　　话	（010）59417747　59419778
社　　址	北京市海淀区西三环中路 10 号望海楼 E 座 7 层
邮　　编	100142
印　　刷	三河市祥达印刷包装有限公司
版　　次	2023 年 10 月第 1 版
印　　次	2024 年 7 月第 2 次印刷
开　　本	710 毫米 ×1000 毫米　1/16
印　　张	13
字　　数	200 千字
书　　号	ISBN 978-7-5139-4415-1
定　　价	49.80 元

注：如有印、装质量问题，请与出版社联系。

前言 PREFACE

著名心理学家马歇尔·卢森堡博士发现了神奇的"非暴力式沟通",其核心要素包括观察、感受、需要和请求。若能将这种沟通方式用于父母的语言,可以让亲子关系由"鸡飞狗跳"秒变"母慈子孝"。

非暴力式沟通语言,最大的特点就是摒弃指责、否定、惩罚等负面的管教方式,采用肯定、赞赏、鼓励等正面的语言方式。

有的父母认为,只要不对孩子动手或进行体罚就不算是使用暴力,其实不然。父母不自觉地以爱的名义对孩子进行"控制",对哭闹的孩子表现出冷漠和反感的态度,又或者给孩子错误的赞赏等,也是一种变相的"暴力",同样会对孩子的心灵造成伤害。

孩子犯错误时,诸如"真是笨蛋""帮倒忙""不懂事"等严厉的批评指责,也是一种"语言暴力"。更有父母在孩子犯错时,上来就是一顿呵斥甚至武力解决,惩罚孩子,短期来看立竿见影,长期来看则贻害无穷。因为惩罚孩子带来的后果往往是愤怒、报复、反叛、退缩,亲子关系将由此滑入冰河期。

所以,惩罚是管教孩子的误区,有很多方式可以代替惩罚,比如用描述事实代替批评,用肯定优点代替否定缺点,用引导孩子主动认错代替强迫孩子认错,等等。

用非暴力式的语言代替惩罚,能够帮助孩子更好地认识自己的错误,并更愿意接受父母的管教。

使用非暴力式沟通的语言,最终目的是探讨父母如何说,孩子才愿意听,才愿意合作。在这个过程中,父母要学会正确处理孩子的情绪,比如要尽量避免惩罚,给予恰当的赞美等。

现实生活中,当孩子闹情绪时,父母往往不堪其扰,自己的情绪也往往会失控,结果引发冲突和争吵。而使用非暴力式沟通语言,则可以正确地安抚孩子的情绪,帮助孩子学习如何认识和管理自己的情绪。

当孩子对父母的"控制"采取不合作的抵抗态度时,父母也可以运用非暴力的沟通方式，冷静下来与孩子协商，通过尊重和信任赢得孩子的合作。

非暴力的语言也讲究运用的技巧。比如"好孩子是夸出来的"，是育儿界广泛认可的一个观点。甚至有研究称，经常受到夸奖的孩子，相比于不常受夸奖的孩子，成才率高出5倍。不过，夸奖的方式也是有讲究的。错误的夸奖方式，只会起反作用，比如让孩子产生错误的自我认知。只有具体、及时、真诚、适度的夸奖，才能起到积极作用。

孩子总有一天要离开父母，独自承担生活中的一切。如果父母舍不得放手，总是包办、代替，甚至控制孩子的一切，那么孩子永远也不会拥有独当一面、承担责任的能力。给孩子一定的自由，鼓励孩子去试错，让孩子学会为自己的错误负责，才能让孩子真正走向自立。

父母的语言，决定了孩子的未来。暴力沟通管教孩子的父母，就像木匠削割木头，也许能将木头削割成自己期望的样子，却忽略了木头本身的材质更适合什么形状，也忽略了木头是否喜欢自己的样子。没有灵魂，失去梦想的孩子，人生该是多么苍白。

而使用非暴力沟通管教孩子的父母，就像是园丁呵护花草，只负责浇水、施肥，适当修剪，不干涉更多。拥有自由，生命内在的力量就会被激发和释放出来，积极主动、努力向上，迎接最美的绽放。哪怕是不够名贵的花儿，也能拥有属于自己独特的魅力。

本书分别从六个方面阐述了如何对孩子使用非暴力语言，并为父母提供了在不同场景下切实可行的话术，旨在帮助父母学会如何用心倾听和了解孩子的需求，培养情绪稳定的孩子，让孩子在和谐的关系中健康成长。相信融洽没有隔阂的亲子关系，会成为孩子一生的"力量之源"。

目录 CONTENTS

Part 1　帮助孩子学习情绪管理

孩子哭闹，父母该怎样转移注意力　　2

如何纠正孩子的错误行为　　6

发现孩子情绪异常该怎样沟通　　10

教孩子学会用语言表达需求　　13

孩子不敢表达情绪怎么办　　17

认真倾听并回应，别让孩子失望　　20

如何教孩子正确表达自己的情绪　　24

孩子乱发脾气，家长该怎样处理　　28

Part 2　如何赢得孩子的合作

放下控制，孩子才会改变　　34

适当示弱，请孩子来帮个忙　　38

如何引导孩子参与解决问题　　42

怎样正确引导孩子的兴趣爱好　　46

学会站在孩子的角度思考和沟通　　50

如何正确对待孩子的欲望　　54

家里的事，该不该征求孩子的意见　　58

不再威逼利诱，让孩子自主学习　　62

Part 3 不打不骂的管教方法

孩子犯错，为什么不要急着指责	68
如何不打不骂拒绝孩子	71
怎样用肯定代替否定	75
闭嘴，给孩子辩解的机会	79
如何引导孩子主动认错	83
让孩子体验错误行为的"自然后果"	87
为什么要让孩子参与改正错误	91
不需要惩罚，也能给孩子立规矩	94

Part 4 恰当地赞赏孩子

怎样积极发掘孩子的优点并表扬	100
孩子再优秀，表扬也要有度	104
肯定孩子的努力，而不是聪明	108
为什么要及时肯定孩子的点滴进步	112
赞美孩子要真诚，再忙也不敷衍	116
创造机会，让孩子发现闪光的自己	120
描述事实，赞美越具体才越有效	124
如何在别人面前夸奖孩子	128
夸大宝，二宝嫉妒怎么办	132

Part 5 有效鼓励孩子自立

保持边界感，让孩子更独立	138
哪些事情需要给孩子自主权	141
启发式问题，鼓励孩子主动思考	145
从小培养孩子做家务的能力	149
正确鼓励，锻炼孩子的胆量	153
如何让孩子为自己的错误负责	156
怎样让孩子学会自己管理时间	160
不要焦虑，孩子有自己的成长节奏	164

Part 6 让孩子更优秀的正面语言

"别人家的孩子"不能随便说	170
为什么要避免给孩子贴"负面标签"	174
如何正确看待孩子的分数	177
怎样学会接纳孩子的不完美	181
最好的教育是言传身教、以身作则	185
如何培养孩子的成长型思维	189
怎样才能提升孩子的自我价值感	193
正面管教，培养孩子好的行为	196

面对孩子的负面情绪，父母的第一反应往往是压制或者转移，但这只会让孩子压抑、逃避自己的情绪。只有允许孩子哭一会儿，和孩子主动聊聊内心的感受，鼓励孩子表达感受，等等，才能帮助孩子面对和了解自己的情绪，进而学会管理和控制自己的情绪。

Part 1 帮助孩子学习情绪管理

孩子哭闹，父母该怎样转移注意力

 情景展现

小玉被石头绊倒摔了一跤，立刻趴在地上放声大哭。

妈妈抱起她，指着旁边正在玩竹蜻蜓的小男孩说："不哭不哭，你看弟弟的竹蜻蜓，多有意思呀，妈妈给你也买一个好不好？"

小玉继续大哭，妈妈说："要不咱去买棒棒糖吧，你想要什么口味的？"

小玉立即止住哭，说："草莓味的。"

沟通解析

在听到孩子哭泣时，父母的第一反应往往是"赶紧哄好，让孩子别再哭了"。这是因为在大多数父母眼中，小孩子的哭喊和吵闹声是一种"噪声"。尤其是在公共场合，如果孩子哭闹持续的时间长一些，父母就会因为周围人投来的目光而更加焦虑，更加希望孩子马上停止啼哭。

其实，幼儿的注意力很容易被转移，可能只需要大人做一个鬼脸或者给一颗糖，他们就会停止哭泣。不过，转移注意力虽是很多父母屡试不爽的哄娃绝招，但它并不是一种万全之策。诸如"妈妈给你买个小玩具好不好""爸爸带你去买冰激凌"这类安慰的话语，虽然能够让孩子快速地忘记自己刚刚经历的痛苦或不如意，一时停止哭泣，却不意味着这件事在他心里就这样过去了。

实际上，导致孩子哭泣的问题并没有从根本上得到解决，这就会在孩子的心中埋下两个隐患：一是事后他可能会再次想起这件事，于是痛苦或不如意再次来袭，导致他再次哭闹；二是转移注意力这种逃避问题的方式，非常不利于培养孩子面对挫折或困难时独立解决问题的能力。

此外，"简单粗暴"地转移孩子的注意力的方式，也容易使孩子感到自己并没有受到父母的尊重。当孩子事后回忆起自己为什么哭泣时，会很清楚地记得父母并没有为他解决当时的问题，而只是敷衍、逃避了事。

更严重的是，总是运用转移注意力的方式来防止或制止孩子的哭闹，会使孩子从儿时起就很难培养起良好的专注度。幼儿时注意力被转移的次数多了，上学之后，这类孩子极有可能会出现上课时注意力不集中，总是开小差的现象。这件事看起来不大，但给孩子造成的危害有可能是深远的。

因此，通过转移注意力的方式来防止或制止孩子的哭闹，只能解一时之急，对孩子的身心发展来说却绝不是长久之计。

非暴力沟通的语言方式

面对孩子的哭闹,父母该如何正确回应呢?

一、共情后安抚

当孩子因跌倒而放声大哭时,父母可以这样说:

> "别怕,有妈妈在!你觉得怎么样?试试能不能站起来。"
> "妈妈小时候有一次也跟你一样,摔倒了,比你这还严重,膝盖都破了,流了好多血……"

当孩子因心爱的玩具坏掉而哭个不停时,父母可以这样说:

> "我知道这是小姨送给你的,它坏掉了,你很难过,妈妈也很难过……"
> "你喜欢这个玩具,对不对?爸爸有工具,让我们试试看能不能把它修好。"

首先对孩子的哭泣表示理解,让他明白你知道他哭泣是有原因的而非无理取闹,然后再通过耐心的话语进行抚慰,让孩子激动的心情慢慢地平复下来,从而止住哭泣。

二、找到原因后安抚

当孩子因不愿写作业而哭闹时,父母可以这样说:

"是不是今天老师留的作业太多,你不想写了?"
"今天的作业是不是有点儿难?妈妈来陪你一起挑战,好不好?"

当孩子因与其他小朋友起冲突而大哭时,父母可以这样说:

"妈妈不知道发生了什么,宝宝可以给妈妈讲一讲发生了什么事吗?"
"毛毛不小心把你推倒了是不是?来,我们先擦擦眼泪……"

孩子的每一次哭泣都有他的原因,找准原因,"按方抓药",从根源上解决问题,才能让孩子的心重归晴朗,不留隐患。

如何纠正孩子的错误行为

 情景展现

　　天宇在花园的石山上跳来跳去，妈妈呵斥道："快下来，太危险了，把脚崴了怎么办？！"

　　天宇不以为然，说："不会的，你看我站得多稳！"

　　妈妈上前将他从石山上抱下来，怒气冲冲地说："等真摔了就晚了，到时候你就知道哭了！"

　　天宇没有说话，气呼呼地往前走了。

Part 1　帮助孩子学习情绪管理

 沟通解析

对于父母们来说，往往看到孩子稍有一点儿危险的举动就如临大敌，第一时间去阻止。但直截了当地制止非但不能起到杜绝危险的作用，还会激起孩子不服气的劲头儿，变得更加叛逆。

如前述情景中的孩子一样，当他在石墩上站稳时，自己会生出小小的成就感，这时候他向妈妈展示"看，我能站稳"，是想寻求妈妈的肯定。可这时妈妈并没有理解孩子的感受，只是怒气冲冲地训斥并制止他，自然会让孩子原本兴高采烈的心情变得低落而失望。

类似的现象还有很多。比如，当孩子在电影院吵闹，周围人投来异样或厌恶的目光时，孩子的父母往往会一味地让孩子安静，或者怒气冲冲地训斥孩子，却没有想过他为什么吵闹。事实上，他之所以吵闹，很可能是因为他觉得无聊，不想看，希望父母陪自己玩，等等。这时如果父母能够优先接纳孩子的感受，而不是单纯地发怒呵斥，起到的沟通效果往往会比直接压制好得多。

如果孩子的情绪总是不被接纳，甚至被否定、羞辱、打骂，那么孩子自然就会慢慢压抑自己的情绪，错误地认为否定、羞辱、打骂等就是解决问题的方式，而且学不会正确处理自己的情绪。

不过，接纳孩子的情绪，不代表要放纵孩子的行为。比如，孩子因为愤怒打了小伙伴，我们应该接纳他的愤怒情绪，但一定要告诉他，表达愤怒有很多办法，而打人不是一个好办法，从而帮助孩子更理性地表达自己的情绪。

 非暴力沟通的语言方式

在纠正孩子不恰当的行为之前，不妨先多问自己一下"为什么"，站在孩子的立场上思考一下这样做的原因，接纳他此时此刻的情绪与感受，然后再提出更为合理的解决方式。

· 7 ·

一、先扬后抑，恩威并施

当孩子在不合时宜的场合登梯爬高或蹦跳时，父母可以这样说：

> "你站得真稳！说明你的平衡能力很好。不如我们去玩蹦床怎么样？"
>
> "你爬得又快又高，真敏捷呀！但这里没有防护措施，爸爸妈妈很担心你受伤。你能不能先下来？"

当孩子拉拽店里的帘子荡悠着玩耍时，父母可以这样说：

> "你想玩秋千了对不对？我们去公园里玩吧，荡秋千可比荡帘子有趣多了。"
>
> "你看，如果你把阿姨家的帘子拽下来了，她该多难过呀。"

对于孩子来说，如果先肯定他的感受，让他知道你理解他，那么他对于你接下来的言语的接受程度就会高很多。孩子并非不懂道理，有时只是因为年龄小考虑不到后果，所以当父母站在他的角度提出更为合理的要求时，他是乐于接受的。

二、表达理解，提出建议

当孩子在电影院里因坐不住而随便走动、哭闹时，父母可以这样说：

"选择了你不喜欢的影片真是抱歉,那么现在你想离开吗?如果能忍耐的话,我们安静地等电影播完,去吃好吃的怎么样?"

"妈妈也觉得这部电影不太好看,但是你看大家都在安静地看,我们四处走动制造声音影响别人是不是不太礼貌?"

当孩子在聚会上闹着要提前离席时,父母可以这样说:

"我知道你想回家了,妈妈也想。不如这样,你先想想回家以后要做什么,一会儿妈妈和大家说完话就带你回家。"

"这里的饭菜并不太合宝宝的胃口,我也没吃饱,宝宝想想一会儿我们去买点儿什么来填饱肚子怎么样?"

让孩子知道你和他有一样的感受,这样他就很容易生出"父母和我一样,也在忍耐"的感觉,这时父母再提出合理的建议他就比较好接受了。千万不要当众斥责孩子,那样会让孩子感觉丢了面子,进而滋生叛逆心理。

发现孩子情绪异常该怎样沟通

 情景展现

老师反映小丽的英语作业两次都没交了,气得妈妈把她狠狠骂了一顿。

妈妈生气地问:"你为什么不交英语作业?"

小丽:"忘了写了。"

妈妈:"忘了?我看你是故意的吧!"

……

沟通解析

大多数父母都忙于工作，很少和孩子谈心，只关注孩子的学习状况，而忽略了孩子的生活状况。一些父母认为，孩子有事会主动提出，不说就是没事。其实，比较小的孩子并不清楚该把学校里发生的哪些事告诉父母。父母应该经常关注孩子的情绪和状态的变化，及时沟通，主动了解他们在学校的生活。

孩子的学习状态突然改变，很有可能是因为人际关系出现了问题，也可能是因为进入青春期后情绪有波动，并不能武断地一概判定为与学习有关。

如果孩子不知道如何准确表达自己的情绪，那父母就要注意引导。长期忽略孩子的情绪，会导致孩子被不良情绪困扰，最终，他们可能会突然爆发出来，让父母感到莫名其妙和措手不及。更严重的是，这还会影响孩子的身心健康。

非暴力沟通的语言方式

父母要敏锐地观察孩子的情绪变化，并及时让孩子把负面情绪宣泄出来。

一、询问式沟通

当孩子出现明显的不高兴、失落时，父母可以这样说：

> "今天在学校发生了什么让你烦恼的事吗？"
> "遇到什么困难了吗？说不定我可以帮上忙哦。"

当孩子抱怨老师偏心时，父母可以这样说：

> "老师是怎么偏心的呢？比如，她做了哪些事，或者说了哪些话，让你觉得很不公平？"
>
> "你是不是觉得老师有点儿针对你，对你要求太严了？不过，'严是爱，松是害'，说明老师真正偏爱的是你呀……"

父母应该主动询问孩子，可以让孩子将一天的生活进行回忆和总结，选择一些来说给父母听。在倾听的过程中，要注意孩子的情绪变化，给予理解和引导。

二、鼓励式沟通

当孩子因为尿床感到自尊心受挫时，父母可以这样说：

> "这周你一共得了 5 个小太阳，说明你这 5 天都没尿床哦。"
>
> "宝宝比上个月有进步多啦，相信下个月会表现得更好！"

当孩子失手把碗打碎，害怕被批评时，父母可以这样说：

> "没事，你也是想帮妈妈，只是没拿好，下次用双手就行了。"

孩子们犯错或失败时，父母的鼓励远远比批评效果好。批评只会让孩子丧失自信心，越来越惧怕犯同样的错误，而鼓励则会让孩子生出自信和勇气。

教孩子学会用语言表达需求

 情景展现

南南逛商场时看到一辆非常喜欢的玩具汽车,想让爸爸买给他,却被爸爸以"家里的小汽车太多了,玩不过来"为由拒绝了。

南南一气之下甩开爸爸的手,大声喊:"我生气了!你连一辆小汽车都不给我买,你不是我爸爸!"

爸爸气坏了,对着儿子吼了回去:"你这么不听话,我还没你这个儿子呢!"

 沟通解析

年龄小的孩子不知道该如何用语言正确地表达自己的需求，在他单纯的世界里，答应他要求的人就是好人，不答应的就是"坏人"。如果父母大多数时候都满足他的要求，那么他被拒绝时就很容易"语出伤人"。这时，父母被孩子的不懂事激怒，回以责骂和怒斥，导致争吵和哭闹就会给亲子关系留下一道裂痕。作为年幼的孩子，没有能力反抗大人的决定，最终只能是掌握经济大权的父母赢得胜利。但这样的结果既会让父母觉得孩子不懂事，也会让孩子认为父母不再爱他而感到伤心。其实这一切，只是因为孩子表达需求的方式出现了问题。

当孩子想要什么东西时，父母先不要一口拒绝，可以蹲下来认真地询问孩子想买这个东西的理由是什么。有时小孩只是看到一个东西一时新鲜，但若让他真正思考自己是否需要时，他可能就会明白自己并不是非买不可。可如果父母上来就直接训斥孩子"家里都那么多了还买？不许买！"，孩子可能会不顾自己是否真正需要这件东西，叛逆心理加强，直接与父母对抗，坚持"我就要买"，双方因此爆发冲突。

久而久之，孩子不仅学不会如何正确表达自己的需求，反而会在想要什么东西或想做什么事时只懂得一味地撒泼耍赖。如果父母曾妥协于这种无理取闹的要求，那么孩子就会变本加厉，直到父母觉得厌烦，双方积压已久的"怨气"一起爆发，为亲子关系添上不可修复的裂痕。更严重的是，还有可能导致孩子成长为一个自私、蛮横的人。

 非暴力沟通的语言方式

孩子语言表达能力欠缺时，自然只能用哭闹表达需求。但随着孩子年龄的增长，父母要慢慢引导他用语言来表达需求。

一、幽默引导

当孩子缠着买玩具变形金刚,而家里已经有很多时,父母可以这样说:

> "你带新的大黄蜂回家了,家里原有的没人陪,会很伤心呢……"
>
> "你还想买它吗?哎呀,它在跟我说话呢!你问我它说了什么呀,它说……小朋友,你的家里有和我一样的玩具陪你啦,还有好多小朋友家里没有我,他们更需要我在这里等他们哦!"

当孩子因为不敢自己一个人睡而哭闹、撒娇时,父母可以这样说:

> "来,让妈妈把你的小熊骑士放在床头,它会整晚守在这里,给你站岗!"
>
> "看,你的玩偶全都在你身边陪你呢,它们会保护你的!"

诙谐拟人的口吻符合孩子脑海中对于世界童话般的想象,这样的方式更容易获得孩子们的认同,能起到很好的安抚作用。

二、建议引导

当孩子坚持想吃冰激凌时,父母可以这样说:

> "冰激凌是很热的时候才能吃的,你看今天多冷啊。等穿裙子的时候,妈妈给你买,好吗?"
>
> "一个冰激凌太大了,而且妈妈也觉得很热呢,所以你吃一半,妈妈吃一半,怎么样?"

当孩子屡屡打断大人谈话时,父母可以这样说:

> "我知道你有事想说,但妈妈正在和别的阿姨谈事情,可以请你等一下吗?"
>
> "你和小朋友聊天的时候,也不希望爸爸妈妈打断对吗?妈妈处理完马上就来听你说,好吗?"

孩子往往并非无理取闹,只是缺乏思考,凭借着本能索取。这时就需要父母帮助他们进行判断,并且给予正确的引导。只要让孩子感受到父母是真诚地在为他着想,并且提出的建议合理,孩子自然会乐于接受。

孩子不敢表达情绪怎么办

情景展现

家里来了客人,豆豆在爸爸的指挥下给客人端茶倒水,然后自己坐在客厅里看动画片。爸爸见状呵斥道:"没看到大人在这里说话吗?看什么电视,回自己屋玩儿去!"

豆豆听了一言不发地关掉电视进屋去了,客人夸道:"你儿子真听话呀,不像我家那小子调皮得很。"

爸爸自得道:"我儿子特听我的话,我让他往东他不敢往西。"

沟通解析

乖巧听话的孩子并非没有情绪,而是选择了长期压抑自己的情绪,把所有负面情绪都不动声色地捂在了心里。他们内心敏感而脆弱,极度缺乏安全感。

在现实生活中,这样的现象很普遍:孩子反驳父母,父母大吼"不许顶嘴""我是你爸,听我的";孩子感到委屈大哭,父母蛮横地命令"不许哭",甚至责骂孩子"就知道哭"。长期如此,孩子要么忍耐到极点最终爆发,做出极端的事;要么会变得敏感而抑郁,受了委屈也不敢反抗,最终损害身心健康。

在成长的过程中,孩子有一些负面情绪很正常。父母要做的就是让孩子将这些负面情绪合理宣泄出去,防止它们长期累积。

非暴力沟通的语言方式

那么,如何引导孩子表达自己内心的真实想法呢?

一、鼓励表达想法

当孩子不赞同父母的要求或说法,提出不同意见时,父母可以这样说:

> "那么你的想法是什么,可以和爸爸妈妈说一下吗?"
> "你能提出这个观点妈妈真的很高兴,说明你认真思考了。但是由于……(客观原因),如果……(做法)会不会更好呢?"

当孩子想要提出意见又害怕因此被批评时,父母可以这样说:

> "有想法尽管说，咱们家不论年龄辈分，谁说得对就听谁的。"
>
> "快说说你的想法，妈妈正需要你这样的'小参谋'呢！"

孩子有表达的意愿时，父母一定要给予肯定和鼓励，尤其是对害羞或怯懦的孩子。这会让孩子更有勇气、更愿意主动分享他们的看法。

二、鼓励宣泄情绪

当孩子因为没有达到父母的要求而情绪低落时，父母可以这样说：

> "真对不起，宝贝！我们没考虑到你的心情。想哭，就哭一会儿吧。"

当孩子心里难过但隐忍不发时，父母可以这样说：

> "你知道的，不管到什么时候你都是妈妈的宝贝，所以你偶尔也可以'不懂事'一下，有什么话就跟妈妈说吧。"
>
> "妈妈很担心你受了委屈自己憋着，不告诉我……"

认同孩子的负面情绪，允许孩子宣泄，然后再去询问他的想法和哭闹的原因，这样才能真正给孩子安慰和支持。

认真倾听并回应,别让孩子失望

情景展现

妈妈正忙着择菜,姗姗跑过来说:"妈妈,我看到了一个特别精彩的故事!"

妈妈:"哦。"

姗姗:"妈妈,我讲给你听好不好?"

妈妈:"好。"

姗姗声情并茂地念完了故事,妈妈却毫无反应。姗姗生气地大喊:"妈妈你骗人,你根本没听我讲!"

妈妈这才抬起头:"我听了宝贝,故事很好啊。"

姗姗:"那你告诉我,这个故事讲了什么?"

见妈妈回答不上来,姗姗伤心地大哭起来。

 **沟通解析**

有时父母忙于工作，不能及时对孩子的话给予反馈，常常忽视甚至无视孩子想要与自己交流的欲望，或是干脆不耐烦地敷衍两句。这会让孩子觉得自己不被父母重视，变得自卑、冷漠，缺失责任感和自我认同感。众所周知，父母是孩子最好的榜样，孩子会无意识地模仿父母的行为。当孩子说话时，父母总是不认真听或敷衍了事，就会给孩子一种"他人讲话我想听就听，不想听就不听"的错误认知，从而形成对他人冷漠的性格。

父母不认真听孩子说话，孩子渐渐也就不再认真听父母说话。长此以往，孩子的倾听能力就会弱化。而孩子与父母之间缺乏眼神交流，眼睛的定焦和追踪能力也会弱化。孩子虽然年纪小，但也是有自己独立思想的人，渴望能够被父母平等地对待和尊重，希望自己讲话时父母可以郑重对待。而如果父母总是心不在焉地冷漠以待，孩子就会觉得自己没有受到父母的尊重。那么久而久之，孩子就会觉得自己没有存在的价值、不被父母认同，开始自我怀疑，甚至变得抑郁，身心遭受极大创伤。

如果你也有过工作正忙而孩子还在旁边和你说话，让你觉得不耐烦或是想要敷衍的时候，不妨换个方式，克制一下自己的冷漠，有时候仅仅是几句话的转变，就可以让孩子免于来自父母"冷暴力"的伤害。

 **非暴力沟通的语言方式**

那么，父母该如何回应孩子的情绪呢？

一、正面回应负面情绪

当你正忙于工作，而孩子有事情想与你分享时，你可以这样说：

> "对不起，妈妈现在正在忙着……（什么事），等我忙完了来找你，再听你讲好吗？"
>
> "妈妈因为……要离开一下，你可以先自己玩一会儿，等妈妈回来再说吗？"

当孩子和你说话说到一半，你有重要事情不得不离开时，你可以这样说：

> "宝贝，实在对不起，妈妈有急事不能听你说完。但你说的事真的很有意思，我很想听下去。可以请你记住给我讲到哪里，一会儿等我回来再继续和我说吗？"
>
> "哎呀，怎么这个时候有紧急通知？让我不能听完这么精彩的故事。真是抱歉，妈妈尽快处理完事情回来，到时候再听你讲好吗？"

当孩子处于负面情绪中时，父母的消极回应会让孩子感到压力、恐惧，甚至情绪失控。正确做法是，给予正面回应，比如表达共情，耐心引导，或者蹲下来抱抱孩子，以化解孩子的负面情绪。

二、分享孩子的快乐

当孩子为自己考了不错的分数高兴时，父母可以这样说：

> "考得这么好，妈妈也很开心！"

> "这分数说明你把这学期的知识掌握得很牢固,值得庆祝一下。你想怎么庆祝?"

当孩子在运动会上拿了奖时,父母可以这样说:

> "你得了奖,妈妈和你一样激动!"
>
> "看到你在赛场上拼尽全力,就算你没有拿名次,我也为你感到骄傲和自豪。"

一份快乐,两个人分享就成了两份快乐。分享孩子的快乐,就是给孩子最好的爱。

如何教孩子正确表达自己的情绪

情景展现

周末，形形妈妈带着她到小雨家串门。两个小朋友开始时玩得很开心，突然吵了起来。

小雨："这是我先看到的漫画书。"

形形："我先拿到的。"

小雨过去一把把书抢过来，抱在怀里。

形形见状大哭。

 沟通解析

瑞士著名儿童心理学家让·皮亚杰指出，2~5岁的儿童处于"自我中心阶段"，特点是片面强调个人存在及个人的意见和要求，也就是凡事以"我"为中心。父母在这个阶段应该要教会孩子：感受是很私人的东西，你的感受是你自己的，别人的感受是别人的，我们要为自己的感受负责。

但孩子由于年龄的关系，并不懂得如何正确排解内心的负面情绪，只会哭闹，甚至胡搅蛮缠，让人很头疼。所以，一些父母见孩子无理取闹就会大声呵斥："别闹了！烦不烦人？！"虽然这样做可以让孩子平静下来，但是会让孩子产生恐惧心理，不敢再闹，或者闹得更凶。当孩子因情绪不好而哭闹、生气，甚至摔打东西时，父母要及时引导孩子认识自己的情绪，并正确地将其表达出来，而不是一味地批评压制。尤其是语言能力还不够强的孩子，更需要父母给予引导。

值得注意的是，父母在平日里要尽量避免对孩子说"因为你……（怎么样）所以我很生气"这类的话，因为这会给孩子一种"我需要为父母的情绪负责"的暗示，从而导致他们在与人交往的过程中产生他人应为自己的情绪"买单"的错误认识。

 非暴力沟通的语言方式

当孩子不能主动用语言表达自己的感受时，父母该如何引导呢？

一、直接告诉孩子如何表达自己的不满

当孩子因为玩具被抢走和小朋友打架时，父母可以这样说：

"他抢你的玩具是不对的,你可以告诉他:'如果你想玩我的玩具,可以和我说,但不要抢。'"

"如果你不高兴别人抢你的玩具,你就告诉他:'我最不喜欢别人抢我的玩具。如果你不这么没礼貌,我们就可以一起玩。'"

当孩子因为被同学误会而闷闷不乐时,父母可以这样说:

"如果你觉得同学误会了你,你可以找他谈一谈,告诉他当时的真实情况。"

"如果你不愿意白白被冤枉,那就想办法去澄清,想想有没有什么证据,或者有没有人能证明你的清白。"

年幼的孩子对于如何表达自己的情绪没有概念,必要时父母可以直接教他们该如何说,让孩子去模仿。次数多了,孩子自然会学习到在不同的情况下他该如何表达自己的情绪。

二、直接告诉孩子宣泄负面情绪的方法

当孩子大喊大叫、摔打东西时,父母可以这样说:

"我知道,你现在可能心情不太好,但这些玩偶是无辜的呀。如果你喜欢摔东西,我可以给你发泄球或者海绵鸭。"

"你是因为……(什么事)不高兴吗?不开心的时候,你可以去跑步,也可以让我陪你打打球。"

当孩子不知为何闷闷不乐时,父母可以这样说:

"如果你有什么不开心的事,又不愿意告诉我,那你就试试写日记吧。"

"如果你不愿意跟爸爸妈妈说,那就找你的小姐妹聊聊,让她们帮你分析分析。"

对于不会表达的孩子,父母要有足够的耐心,并且要让孩子知道,他表达完感受之后别人是否会改变看法并不重要,只要表达出自己真实的感受就行了。

孩子乱发脾气，家长该怎样处理

 情景展现

妈妈带小贝一起逛超市。小贝看到巧克力，说："妈妈，我要买巧克力。"

妈妈说："不行，今天你已经吃了两块了。"

没想到小贝立刻停住脚步，把手里的玩具车使劲摔在了地上。

妈妈生气道："你把玩具车摔坏了！"

小贝大喊："谁让你不给我买巧克力！"

 沟通解析

"踢猫效应"在心理学上是指对弱于自己或者等级低于自己的对象发泄不满情绪,而产生的连锁反应,描绘的是一种典型坏情绪的传染。当一个人受到强者或比较权威的对象(如公司领导、老师、父母等)的批评或打击,情绪变差而无处发泄时,他便会将愤怒转移到比他更为弱小的无法反抗的人身上,如对下属、孩子等撒气。

比如,有位父亲在公司工作不顺心,受到领导的责骂,回家看到正在调皮捣蛋的孩子便气不打一处来,不由分说地将儿子臭骂了一顿。委屈又生气的儿子又将家里无辜的小猫当成了出气筒,踢了一脚,受到惊吓的小猫蹿出家门跑上大马路,正好被一辆驶来的车撞伤了。这一连串的事件发生后,最终最弱小的小猫成了最倒霉的那个,这便是"踢猫效应"。

大人如此,孩子也不例外。当孩子受到来自强者或权威对象的攻击,自身又无法反抗时,他便会将怒火转移,发泄在比他更加弱小的人或事物身上,如玩具、小动物、弟弟妹妹等。比如,在被父母批评后,有的孩子会故意抢走弟弟的玩具,或者摔打玩偶。

实际上,孩子发生这种胡乱泄愤的行为和父母不无关系。想想,有多少次,父母在公司受了气回家,便把气出在孩子身上?有时孩子可能只是犯了一个小错,父母却大发雷霆,借此发泄自己的情绪。

如果父母习惯性地把孩子当作发泄的对象,无力反抗的孩子便会寻找比自己更为弱小的发泄对象,甚至会无意识地通过模仿父母的行为学会这种错误的发泄方式,久而久之养成动不动就乱发脾气的坏习惯。

 非暴力沟通的语言方式

毫无疑问,父母和孩子都应该避免陷入"踢猫效应"的情绪泥沼。作为父

母，应该以身作则，帮孩子改掉乱发脾气的坏习惯。

一、提醒孩子，相互监督

当孩子指出父母正在把气撒在自己身上时，父母可以这样说：

> "你提醒得太及时了，妈妈向你道歉，刚才是我没有控制好。"
> "宝贝说得对，我们要杜绝'踢猫效应'，真是对不起，以后也要监督妈妈哦！"

当孩子因为生气呵斥猫咪时，父母可以这样说：

> "你不记得那个'踢猫效应'了吗？可怜的小猫，无缘无故就被小主人训了一顿，会不会感觉好委屈呢？"
> "停！'踢猫效应。'我们得杜绝'踢猫效应'在我们家里发生。如果妈妈在外面受了气，回家就冲猫咪发火，你要第一时间提醒我哦。"

人在生气的时候容易失去理智。父母可以提前和孩子约定好，无论是谁乱发脾气，另一方都有责任及时提醒并制止。

二、让孩子换位思考

当孩子因为生气，而把脾气发泄在身边的人身上时，父母可以这样说：

> "你心情不好,我感觉到了,但妈妈不知道谁惹你生气了呀。你冲妈妈发火,妈妈是不是很冤呢?"
>
> "你想想,如果是你,被人平白无故地发了一通脾气,是不是也会觉得委屈难过呀?"

当孩子在学校受了气回家冲宠物狗撒气时,父母可以这样说:

> "汪汪——请问小主人,我做错了什么?你这样对我,我好伤心。"
>
> "汪汪——你踢得我好疼啊。小主人,你今天是不是有什么不开心的事?"

换位思考能够让孩子快速代入角色,从而认识到自己行为的不妥之处。父母要让孩子理解对方的想法和感受,在做事之前多思考两秒,慢慢地学会克制自己的脾气,正确合理地宣泄情绪。

想让孩子主动写作业，主动帮忙做家务，主动认错……靠的不是威逼利诱，而是讨论、商量。孩子感到被尊重，而不是被强迫，才愿意主动做出改变。父母放弃"强权"控制，是孩子愿意合作的开始。

Part 2 如何赢得孩子的合作

放下控制，孩子才会改变

 情景展现

小星在看动画片，妈妈问："你的作业做完了吗？"

小星说："还没有。"

妈妈生气道："那你还在这里看电视，还不快去写作业！"

小星说："我看完这集就去写，今晚肯定能写完。"

妈妈一把拿过遥控器将电视关掉，吼道："现在就去！作业都没写完不许看电视！"

小星气得哭着说："你不让我看电视，也别想让我写作业！"

父母总是想要控制孩子，要求孩子事事都按照他们的心意来，可是这样的教育方式只会让孩子反抗父母，变得叛逆。

在电视剧《小欢喜》中，宋倩为了让女儿英子考取"清北"，事无巨细地安排英子的学习和生活，不许她去参加喜欢的航天活动，不许她玩喜欢的乐高，甚至连她在"誓师大会"的许愿气球上写什么愿望都要纠正。这样的"爱"让英子感到窒息，最终患上了抑郁症。宋倩怎么也想不明白，明明自己所做的一切都是为了女儿好，为什么反而得来女儿的厌恶？归根结底，是因为这根本不是爱，而是打着爱的旗号的控制。

"我做这么多还不都是为了你""我是希望你好才这样的""你学习好，我就开心了"……父母这些话的背后，体现的不是爱，而是严重的控制欲。这些说法从表面上看，是父母对孩子倾尽了百分之百的付出，但这对于孩子来说实际上是一种"情感勒索"。孩子感受到的不是爱，是压力，他们想要反抗又会被内心滋生出的愧疚和自责所折磨，只能忍下委屈顺从父母。

这些孩子虽然表面上逆来顺受，但内心里无时无刻不在渴望自由，渴望独立，渴望跳脱父母的控制。尤其是进入青春期后，他们渴望自由的欲望会更加强烈。被控制的孩子在脱离父母之后有可能会出现两种情况：

一种是没有自主意识。因为从小到大都被父母控制，人生不需要他们自己动脑筋，因此他们也就没有锻炼过自主选择的能力，当遇到需要选择的情况时自然就不知该如何去做。

另一种是走向极端，做出失控的选择。比如，出于发泄或弥补自己的心态，他们会迫不及待地逃离家庭，疯狂地做一些曾经在父母的控制下决不允许的事，最终毁掉自己。

非暴力沟通的语言方式

那么，父母如何做，才能让孩子主动改变呢？

一、让孩子做决定

当孩子说想要玩一会儿再写作业时，父母可以这样说：

> "可以呀，你想玩多长时间？20分钟还是30分钟？"
> "好，那5点开始写作业，可以吗？"

当孩子想要玩游戏时，父母可以这样说：

> "周末打这么久游戏对眼睛很不好，妈妈很担心你的视力。你能不能定个周末玩游戏的计划？"
> "你觉得每天玩多久游戏合适？半个小时够吗？"

通过和孩子协商，让他自己设定一个合理的时间，允许他在规定时限内把该做的事情完成后放松一下。这个计划最好由孩子自己做，如果孩子没有能力做，就给他一些建议或选择，但要让孩子觉得他自己才是计划的主导者，而非被动执行者。

二、划定自由的范围

当孩子提出想要和同学出去玩时，父母可以这样说：

> "你可以去，但一定要在晚上9点之前回来。"
>
> "去玩的时候手机不要设置静音，妈妈打电话你一定要接。"

当孩子想要外出，找父母要钱时，父母可以这样说：

> "妈妈可以给你钱，但你买东西之前一定要想一想自己是不是真的需要。妈妈的钱挣得也很不容易，你也知道父母的辛苦，尽量不要乱花钱。"
>
> "和同学出去玩，不可贪便宜，也别蹭人家的吃喝，否则就没人愿意和你玩了。"

孩子就像风筝，把线牵得太紧只会让他在空中盘旋，只有适当地放松线轴，给他一定的自由，才能让他飞得更高又不失控。不过，这个自由是有限度的。父母要掌控好收、放线的长度，避免孩子完全失控。

适当示弱，请孩子来帮个忙

 情景展现

每天妈妈都会洗好水果给大家吃，然而今天妈妈告诉明明："我手腕痛得厉害，洗不了水果给你们吃了，真是对不起。"

明明说："没关系，妈妈好好休息！"

妈妈继续说："不知道明明愿不愿意帮妈妈洗水果给我和爸爸吃呢？"

明明连声应道："当然没问题！我现在就去洗。"

许多父母在孩子面前都是一副无所不能的"超人"形象，不肯做一点儿有损自己形象的事，觉得那样很丢脸，也担心那样会降低孩子对自己的信任。父母保护孩子是一种本能，但这种"父母强势，孩子弱势"的相处模式，却容易让孩子不断感受到自己的弱小、无能，增加孩子的消极体验，进而形成自卑、懦弱、依赖父母的倾向。

有教育专家指出，当孩子面对无所不能的父母时，他只有两个选择：一个是向父母学习，追求完美，难以忍受自己的缺点；另一个就是不再做任何事，因为父母什么都能做。相反，如果父母在孩子们面前有那么一点儿不靠谱、软弱，孩子就会变得宽容、坚强，主动、努力地替父母遮风挡雨！

父母适当示弱，请孩子来帮忙，孩子反而会因为自己被需要而感到开心、自豪，会情不自禁地生出一种使命感，激励他完成爸爸妈妈的请求。而在一次次帮助父母、承担个人和家庭事务的过程中，孩子的责任感就会被逐步培养起来。

某演员在一档真人秀节目中说："自己做妈妈最大的缺点就是'懒'，不管大小事，都喜欢请儿子帮忙。"有一次，她需要外出拍摄，就向儿子发起请求："我要准备什么东西？你帮我拿一下呗。"

儿子想了想，不仅帮妈妈装好了包，还把自己的奥特曼也放进去"保护妈妈"，并且让妈妈开着自己的玩具摩托车去"上学"。当妈妈出发时，他在旁边叮嘱"注意安全"，整整重复了四遍，满脸都是不放心。

不做无所不能的妈妈，做一个需要帮助的妈妈，你就会发现，孩子不是没有解决问题的能力，只是缺少锻炼和表现的机会。而且，在请孩子帮忙的过程中，父母还可以有意识地引导孩子养成统筹规划、体谅他人、独立自主等优良品质。在小时候锻炼出来的能力，会伴随孩子一生。

让孩子知道父母也不是万能的，他们内在的潜能就会被激发出来，拥有照顾父母的智慧和能力，愿意为父母遮风挡雨。

非暴力沟通的语言方式

一、表达"我不会……"

当家中买了新物品时，父母可以这样说：

"这个我不会用，该怎么打开？你能帮我看看吗？"
"这个架子怎么组装？你能帮我看看图纸吗？"

当想知道孩子学的知识掌握是否牢固时，父母可以这样说：

"为什么晾衣架都是三角形的呢？你最近是不是学了三角形的知识？能不能告诉我这是为什么？"
"这个线路究竟该怎么改一下，能让一个开关控制两个灯呢？你们物理学是不是学了串联电路，能不能帮忙看看怎么改？"

在日常生活中，父母可以适当地假装有困惑，让孩子看到爸爸妈妈也有不会的东西，这样能激发孩子的求知欲，使其积极地面对问题并寻找解决办法，既让孩子知道了正确答案，也锻炼了他寻找答案的能力。

二、表达"我做不到……"

当找不到某样东西时,父母可以这样说:

> "我找了半天都没找到我的发箍,你能帮我找一下吗?"
>
> "我的指甲剪放哪儿了?抽屉都翻遍了,也没有找到。你能帮我找一下吗?"

当自己身体不舒服时,父母可以这样说:

> "我真想把地擦干净,可我的腰实在太疼了。谁能帮我一把呢?你可以吗?"
>
> "我的手指被刀划破了,你今天可以帮忙洗碗吗?"

当自己做某事做不好或不会做(也可以假装自己做不到)时,可以请孩子帮帮忙。当自己身体不舒服,或者不方便时,更是请孩子帮忙的好时机,比如感冒了就请孩子帮忙倒杯水,脚扭了就请孩子帮忙提东西,等等。

如何引导孩子参与解决问题

 情景展现

多多因玩手机，多次耽误了功课。为此，妈妈提议："以玩游戏为议题，开一场家庭会议。"会议分为三个部分。列举玩游戏的原因；各抒己见，发表对玩游戏的看法，包括玩游戏的好处和坏处；制订玩游戏又不耽误学习的计划。会议上，多多率先发言：游戏太好玩了，总忍不住想多玩一会儿……接着，三人轮流发言。最后，由多多总结，全家人共同制订了方案：每天写完作业后，多多可玩半小时手机，周末可玩一小时。方案被贴在床头，由多多自觉执行。

孩子有一些屡教不改的小毛病,令父母头疼不已。如果常规的管教手段没有用,不妨试一试"家庭会议"这个法宝。

家庭会议有如下几点好处:

第一,产生全家人都认可的切实可行的方案。孩子对方案的认同度高,自然愿意自觉执行,这样可以有效地解决问题。

第二,培养孩子的责任心和自控力,锻炼孩子自主思考的能力。

第三,教会孩子遇到问题时要保持冷静和清醒的头脑,善于与他人协商,以增强孩子的合作能力。

第四,促进一家人的情感交流,让孩子感受到自己的意见受到父母的尊重和重视,有利于构建和谐、轻松的家庭氛围。

那么,召开家庭会议的流程是怎样的呢?

第一步,设置议题,即确定此次会议主要需要解决的问题是什么。

第二步,制定规则,比如确定会议时长、主持人、记录员、发言顺序、表决方式等。

第三步,进行讨论。讨论环节大概可分为这样几个小步骤:当事人阐述问题出现的原因;大家轮流发言,讨论得出这样做的好处和坏处;大家都提出各自的解决方案;共同讨论哪套方案的可行性最高。

第四步,通过表决得出方案,并由主要执行人记录下来,张贴在显眼的地方,用以自我监督。

家庭会议可以帮助父母解决关于孩子的大部分棘手问题,但采用这一方法时也要注意以下几点:

1. 家庭会议并非"批斗大会"。如果父母一味地批评孩子,那么只需一次孩子就不会再愿意开这样的会了。

2. 父母有问题,同样可以通过家庭会议解决。家庭会议应一视同仁,不能双标,不能只为孩子而设置。

3.切忌将"家庭会议"开成"思想政治课堂"。父母要避免说教,免得孩子感到无聊和厌烦。

召开家庭会议首先需要全体家庭成员同意,其次在首次召开时需要确定会议的规矩,往后的每一次都遵循规矩进行。

 **非暴力沟通的语言方式**

为了确保家庭会议形成的方案顺利执行,讨论时,有什么需要注意的呢?

一、描述事实给建议

当讨论孩子说脏话的问题时,父母可以这样说:

> "我认为说脏话有这些缺点:会伤害别人,给人留下没有礼貌的不良印象,情绪的发泄对解决问题没有帮助。"
>
> "关于如何克制,我觉得话出口前可以先停顿两秒,想一想是否可以用其他词语来替换,同样能达到表达情绪的目的。"

当讨论孩子总是爱动手打人的问题时,父母可以这样说:

> "打人后问题解决了吗?没有,还引出了老师请家长,别的家长来告状等一系列问题,显然有些得不偿失。"
>
> "打人的坏处有:会给别人造成身体和心理的双重伤害,会让人害怕你、不敢接近你和你玩,养成以暴力代替沟通的不良行为习惯。"

讨论时，父母要注意自己的说话方式，应尽量平和地陈述事实，避免让孩子觉得自己在被指责或被批斗。

二、肯定并完善方案

当孩子提出父母不能接受的方案时，父母可以这样说：

> "你思考了自己的问题，这很好，但这方案是不是有些宽松了呢？我相信你可以做得更好。"
>
> "你说得有道理，但我认为爸爸的意见也很有价值。适当折中一下，你觉得可以吗？"

当孩子不能严格遵守定下的方案时，父母可以这样说：

> "没能坚持是有点儿遗憾，但我感觉与开会之前相比，你已经有了很大进步！"
>
> "问题不能一劳永逸地解决是很正常的，我们周末可以找个时间再开一次家庭会议，总结一下你的进步，商量一下新的方案。"

家庭会议应力求得出每个人都满意的结果，不能只满足父母的要求而不顾孩子的意见，要求同存异。即使家庭会议得不出行之有效的方案，或方案不能坚持执行，也很正常，可以过一段时间再开。在这段时间内，全家都可以多考虑一下，办法一定会比困难多。

怎样正确引导孩子的兴趣爱好

 情景展现

妞妞看到背着吉他的学生经过，对妈妈说："我也想学吉他。"

妈妈说："你连钢琴都弹不好，还想学吉他？"

妞妞说："钢琴太难了。"

妈妈说："那也先专精一个再说，别三心二意的。"

妞妞说："可是我喜欢吉他，不喜欢钢琴。"

妈妈生气地说："培养你弹钢琴花了多少钱，你说不喜欢就不学了？"

妞妞听完委屈地哭了。

 沟通解析

现在的父母总是给孩子报一堆兴趣班——钢琴、游泳、网球、跆拳道、书法……完全不顾孩子的承受能力和是否真的感兴趣，只顾填鸭式地往里塞。孩子若说一句自己不喜欢或是不想学了，父母就会说"你怎么不体谅大人的苦心""父母都是为你好，长大了你就知道感恩了"。这种做法很难换来孩子的理解，往往最后是孩子学得委屈，父母花钱达不到预期。

为什么很多父母都不顾孩子的意愿，强行给孩子报一大堆兴趣班呢？主要原因有以下三点：

一是大环境所驱。别人家的孩子学了，我家孩子没学，岂不就落后于人了？于是，大多数父母都坚定地认为，绝不能让孩子输在起跑线上。

二是为孩子丰富履历。很多父母认为，拥有各类特长可以让孩子在上学之后学校组织的各类活动中有参与的资格，为孩子积累履历；同时，学习乐器可以陶冶孩子的情操，学习武术可以强身健体，等等。

三是希望孩子有一技之长。很多父母出于对自身没有一技之长的自卑，将自己没能实现的梦想或期望强行投射在孩子的身上，希望孩子替自己实现。这背后是父母在成长经历中因为没有特长而产生的遗憾和无力感在作祟，但让无辜的孩子承担自己没有努力的后果，这种做法是错误的。父母自己都没有做到的事，怎么能强硬地要求孩子去做到呢？

那么，不顾孩子的兴趣，强行让孩子学习会导致什么结果呢？

第一种结果：孩子的确学有所成，一技甚至多技傍身，这是父母心中最理想的结果。但孩子永远会记得童年时，被逼迫上自己不感兴趣的特长班时的感受，这有可能导致他们长大后会不愿再运用自己的这些技能，因为父母此时已经不能再逼迫他们了。

第二种结果：孩子不想学，迫于父母的威严无法反抗，因此每一样都学得敷衍了事。父母费心、费力、费钱，孩子也投入了时间和精力，却没有太大的收获。

第三种结果：孩子在父母的这种"高压期盼"下对所学的东西越发厌恶，甚

至叛逆反抗，故意不学，与父母对着干。父母为孩子不理解自己的苦心而痛心，孩子为父母不尊重自己的兴趣而难过，导致两败俱伤。

非暴力沟通的语言方式

父母应当明白，只有尊重孩子的兴趣和选择，顺其自然地发展自己的爱好，才能种瓜得瓜，种豆得豆。

一、鼓励多尝试

当孩子不知道自己到底对什么感兴趣时，父母可以这样说：

"钢琴和小提琴，你更想学哪一个呢？其实我们可以先报一节试听课上上看。"

"如果你不喜欢，我们可以再换一种尝试，比如笛子，怎么样？"

当孩子三分钟热度，这个还没学完又想学那个时，父母可以这样说：

"我真的很高兴看到你爱好这么广泛，但小猫钓鱼三心二意的故事你也听过，我认为你选一个最喜欢的先学一段时间会比较好。"

"你有的是时间尝试，妈妈建议你先选择一个踏实下来学学看。"

任何时候孩子有学习的兴趣都值得肯定，因此一定要避免给孩子泼冷水。父母要鼓励孩子多进行尝试。只有真正实践过，孩子才知道自己喜欢、适合哪个。

二、尊重放弃的决定

当孩子表达出自己不想再学这项技能的意愿时，父母可以这样说：

> "能让妈妈知道你的理由吗？……如果学习它让你感到的痛苦已经大于快乐了，那就此停止也没关系。"
>
> "虽然现在中止很遗憾，但妈妈不会强迫你学。如果以后你想重拾这件乐器，也完全可以。"

当孩子认为兴趣班太多，很累时，父母可以这样说：

> "你的压力确实有些大，没考虑到你的心情真是抱歉。那么你觉得舍弃哪个比较好呢？"
>
> "贪多嚼不烂是有道理的，你选一个最喜欢也最得心应手的继续学习，其他的先放一放好啦。"

特长这种东西不一定越多越好，有时专精一项反而比广泛学习的效果要来得更好，也更容易培养孩子对一件事物长期的专注度和持之以恒的耐力与毅力。父母要尊重孩子的兴趣和意愿，合理培养孩子的特长。

学会站在孩子的角度思考和沟通

 情景展现

木木和班上的同学打架了,老师请了双方的家长。在回家的路上,妈妈忍不住数落木木:"你怎么能跟同学下那么重的手?爸爸妈妈平时怎么教育你的,你怎么就长成这么个暴力分子了呢!"

木木反驳道:"是他先动手的!"

妈妈瞪起眼睛,说:"他打你,你就能打他了?还敢顶嘴,说你哪句不对了?!"

木木又气又委屈,把脸转向一边不理妈妈了。

妈妈发火道:"你还有脾气了,做错了还不让人说!"

 沟通解析

很多父母都有这样的感受：孩子越大越难以沟通。然而细想想，作为父母，当孩子犯错时，我们是否给过孩子申辩的机会，让他们说出真实感受？当孩子与自己的想法不一样时，我们是否太急于否定孩子了？当孩子说了一件可笑的事情时，我们是否毫无顾忌地嘲笑了他？

父母总是站在成年人的角度去评判和要求孩子，会让孩子觉得父母不理解自己，从而封闭自己的内心，拒绝与父母沟通。

亲子沟通的最佳方式是学会站在孩子的角度思考。这种方式能够让父母对孩子感同身受，让孩子体会到父母对他的爱与尊重，从而加深亲子感情，建立彼此信任的纽带。

父母能够感同身受，也就能理解孩子的做法。这样一来，孩子更容易接受父母的教导，父母就可以更有效地纠正孩子的不良行为。同时，这种沟通方式也可以避免孩子的逆反与抵触，有利于构建亲子之间和谐坚实的沟通桥梁。

如果父母经常站在孩子的角度看问题，就不会和孩子发生认识上的冲突，也会减少很多沟通中的矛盾。

比如，当孩子不想吃药时，你站在孩子的角度想一想就会知道原因是药太苦，这样你就不会强硬地逼迫孩子；孩子不想睡觉，想多玩一会儿，你站在孩子的角度想一想就会知道原因是孩子都有贪玩的天性，这样你就会允许孩子多玩一会儿。只有学会换位思考，你才能理解孩子的心情，理解孩子是怎样看世界的。

鲁迅在《我们现在怎样做父亲》一文中说过："孩子的世界，与成人截然不同，倘不先行理解，一味蛮做，便大碍于孩子的发达。"父母与孩子处在不同的年龄阶段，经历不同，思考问题的出发点也就存在差异。如果父母希望孩子愿意同自己沟通，就要站在孩子的角度，听听孩子怎么说。

非暴力沟通的语言方式

站在孩子的角度思考问题，要求父母学会以孩子的眼光看待世界，不以大人的视角想当然地认为孩子是小题大做，而且要放下自己那些成年人的偏见，试着以孩子的身份去体会事物。

一、鼓励孩子说出内心真实的想法

当孩子在学校犯了错或受了委屈时，父母可以这样说：

> "虽然打人不对，但你平时很有礼貌，妈妈相信你不会无缘无故地动手打人。"
>
> "你一定有自己这样做的理由，可以告诉妈妈吗？如果你受了委屈，妈妈一定会站在你这一边。"

当孩子因为害怕自己睡觉而哭闹时，父母可以这样说：

> "是什么让你害怕呢？……原来是因为太黑呀。妈妈给你留一盏小夜灯，你觉得会好些吗？"
>
> "为什么你会觉得有鬼呢？……是窗帘上的影子呀，那是大树爷爷在扭秧歌呢。"

当孩子因不敢独自入睡之类的小事而惹父母烦心时，不要简单地认为他们是在无理取闹，也许这对孩子来说就是很重要的事。不论多小的事，父母都要给予认真倾听以表示在乎和关心，这样孩子的情绪才容易平复。

二、以自身为例换位思考

当孩子因上课时被老师批评而闷闷不乐地抱怨时，父母可以这样说：

> "我能理解你为什么会这么生气，我小时候也遇到过类似的事。"
>
> "老师一定让你很尴尬，其实这不是什么大问题，对吗？我想你一定知道如何做才能避免这种情况再次发生。"

当孩子为即将到来的考试而焦虑不安时，父母可以这样说：

> "你的表现已经很好了，我那会儿碰到考试要比你紧张多了，吓得跑了好几趟厕所呢！"
>
> "我理解你的焦虑，我小时候也经常这样，这是很正常的，没关系，我们都要相信自己！"

父母在与孩子沟通时，一定要保持真诚，如实地告诉孩子你曾和他有过一样的感受，让他知道自己在被父母理解，同时也会给他充足的安全感。另外，换位思考还可以帮助父母有效地了解孩子的心理和想法，能够快速地拉近父母与孩子心与心的距离。

如何正确对待孩子的欲望

 情景展现

小凡去小丽家玩,小丽问:"你想吃雪糕吗?"

小凡:"太想了!我在家爸妈管着不让我吃,我都好久没吃了!"

小丽说:"这里没有你爸妈,想吃多少吃多少。"

小凡没忍住,一连吃了五六根雪糕,回家就拉起了肚子。

妈妈生气地问:"你在小丽家到底吃了什么?!"

小凡捂着肚子低声"哎哟",不敢正面回答。

# 沟通解析

"大禹治水"的故事相信大家都不陌生。大禹通过疏通河道，拓宽峡口，成功治理了泛滥的黄河水。其实，治理洪水有一个重要的方法——"堵不如疏"。孩子的欲望就像洪水，同样宜疏不宜堵。

父母总觉得，不让孩子玩手机、吃糖、吃冰激凌等，是为了孩子好。孩子年龄尚小不能克制自己，父母只好通过强制执行来杜绝这些"不良行为"，殊不知这反而会起到反作用。

孩子的欲望长期受到压抑，就像积压的情绪一样，得到机会就会一下子爆发出来。在家吃不到糖的孩子会抓住机会玩命儿吃糖，总是想吃冰激凌却得不到满足的孩子趁父母不注意会一口气吃好多冰激凌，结果正应了父母的担心。

更可怕的是，欲望一直被父母压抑的孩子，遇到一点儿诱惑就容易扛不住。有新闻报道称，一个5岁的小女孩差点儿被人贩子用一颗棒棒糖哄走。因为她在家里，无论是薯片还是糖果，妈妈都不允许她吃。一颗糖差点儿毁了孩子一生。

孩子是家中的"重点保护对象"，所以父母经常对其严格要求："这个不能吃，添加剂太多，不健康！""那个不能做，危险！"殊不知，这正是孩子叛逆的原因。实际上，偶尔允许孩子释放一下欲望，不会让孩子变坏，也不会导致孩子的健康出问题。相反，让孩子走上弯路的，往往是父母的"高压政策"。

适当满足一下孩子的欲望，除了能预防孩子叛逆，还有以下好处：

首先，孩子处于探索世界的阶段，对万事万物都抱有好奇心，让他明白道理的最好的方法就是放手让他去尝试。只有亲自体验过，他才能够理解父母的用心。

其次，从小对孩子的欲望进行合理的疏导，可以培养孩子的自控力。孩子的需求和内心的欲望越快被满足，他就会越自觉，越不会叛逆或做出出格的事情。

最后，父母主动疏导孩子的欲望，有效满足孩子的好奇心，可以避免孩子在严格的管束下走向极端，伤害自己。

每个人都要学会和欲望相处，适度满足孩子的欲望而不是粗暴禁止，才能让孩子成为欲望的主人，而不是奴隶。

非暴力沟通的语言方式

父母在疏导孩子的欲望时,要注意正面引导,不能一味禁止或打压,但也要注意把握好度,毕竟疏导并不意味着放纵。满足孩子的好奇心,但也要定下界限。

一、满足孩子合理的欲望

当孩子想吃冰激凌时,父母可以这样说:

> "你可以吃,但是不能吃一整支,那太多了。如果你今天吃一半,那么明天还可以吃剩下的一半。"
>
> "最近天气热,你每天可以吃一个冰激凌球。妈妈相信你可以自觉遵守,不需要我监督,对吗?"

当孩子想吃糖果时,父母可以这样说:

> "每次有新上市的口味,我们都可以尝一尝,但每天要控制好量。你自己决定吃多少吧。"
>
> "我把糖放在客厅了,想吃自己拿吧。"

不要害怕无人监管会让孩子过量索取,当孩子的欲望得到即时满足后,他渴望该事物的迫切程度就会降低。如此一来,即使在无人看管的情况下,他也会自觉地控制好自己。

二、正面引导不回避

当孩子想要化妆上学时，父母可以这样说：

> "我家宝贝终于开窍想打扮自己了，不过上学化浓妆不太好。妈妈来帮你修修眉，先敷个面膜保养一下皮肤，把底子打好。"
>
> "这周末妈妈教你化妆，我们一起打扮得漂漂亮亮的，然后出去逛街怎么样？"

当孩子的行为举止有谈恋爱的迹象时，父母可以这样说：

> "你已经到了会被异性吸引的年纪了，渴望与异性接触是很正常的，但要把握好尺度……"
>
> "你可以和同学一起出去玩，妈妈相信你能掌握好分寸。如果你们能互相多交流学习，共同进步就更好了。"

进入青春期后，孩子会对化妆、恋爱之类的事情产生尝试的欲望，实属正常现象，父母不必过于紧张。正确引导，教孩子如何把握尺度，允许孩子适当了解和接触，让孩子感受到被信任，孩子才不会做出格的事情。

家里的事，该不该征求孩子的意见

 情景展现

家里准备装修，父母打算把墙壁统一刷成环保的绿色。一直旁听的方方突然说："我不喜欢绿色。"

爸爸说："小孩子懂什么，绿色护眼。"

方方说："可那是我的房间哪！"

爸爸不满地呵斥："那是我花钱买的，也是我在花钱装修！"

方方委屈地闭了嘴。

 沟通解析

父母可能觉得"孩子小,家里的事他懂什么""小孩的意见就是添乱",因此不将孩子的话当一回事儿。不尊重孩子的意见,甚至否定孩子的意见,会让孩子产生严重的自卑心理,觉得自己什么事都做不好;也会让孩子不愿意再和父母交流,有意见也不愿意表达,或者干脆和父母对着干,变得更加叛逆和难以管教。

相反,在适当的时候,懂得征求孩子的意见有以下几点好处:

第一,让孩子参与家庭事务的决策,能够让他感觉到父母尊重他,并将他当成家庭的重要一员来对待,这有助于培养孩子的自信心和自尊心,并且能让孩子对家庭更有责任感。

第二,有助于培养孩子的审美情趣,比如让孩子选择自己卧室的家具、壁纸等。

第三,锻炼孩子独立自主的生活能力,比如让他住在按照自己的意见装修的卧室里,他会对自己的房间有归属感并愿意自己打理它。这样一来,到了需要分床睡的时候,孩子就不会排斥这个空间,更容易适应独自睡觉。

家里的事征求孩子的意见,不仅对孩子的身心发展有好处,对孩子的学习和生活也具有积极的影响。

不过,征求孩子意见的同时也要注意,征求到意见之后未必一定采纳。如果事事都是由孩子说了算,那就不叫征求意见而叫纵容了。"征求"意味着父母可以参考孩子的意见,若认为有可取之处,可取其优点修改原有方案;若不可取则要采用正确的沟通方式肯定孩子提出意见的态度,然后再告诉他为什么不能采纳他的意见,并告诉他正确情况下应该如何处理。这样既尊重了孩子的想法,也可以锻炼孩子的思考能力,之后他们会慢慢地提出更成熟、更有建设性的意见。

 非暴力沟通的语言方式

那么,父母该如何征求孩子的意见呢?

一、耐心倾听，合理采纳

当孩子提出想要自己挑选家具时，父母可以这样说：

> "你对自己的房间有自己的想法是好事，让妈妈看看你想选哪个柜子来搭配你的写字台。"
>
> "我认为你选的这个书架很好，把它放在你的房间里，你会更愿意看书。"

当孩子打断父母的讨论，提出自己的意见时，父母可以这样说：

> "你的想法很新颖，是我们没有考虑过的，能说说你的理由吗？"
>
> "你的意见很有建设性也很重要，我们决定参考你的意见修改一下我们的方案，改好了再请你来帮我们参谋。"

不管是多么小的事情，只要孩子愿意提出他的意见，那么父母都要给予足够的尊重，认真地倾听并给出自己的反馈。让孩子知道他的意见受到了父母的重视，孩子自然而然地会更愿意表达自己对家庭事务的看法。

二、意见不成熟，多鼓励少打击

当孩子提出的意见有些不切实际时，父母可以这样说：

> "你愿意给爸爸妈妈提供你的意见,我们很开心。这是很有帮助的,但出于现实的……(原因),做不到你说的这样。"
>
> "你的想法很好,可惜爸爸妈妈能力有限,没办法实现。以后你可以通过自己的努力去尝试一下。"

当父母并不想采纳孩子的意见时,可以这样说:

> "你有自己的想法这很好。你再仔细想想,爸爸妈妈的方案从……角度来看是不是更好一些呢?"
>
> "你能提出自己的意见,说明你长大了,想为父母分担家里的事了,真棒!下次如果可以考虑得更严谨一些会更好。"

面对孩子提出的不成熟意见,父母不要急于否定或打击,首先要肯定孩子有想法是好事,其次鼓励他多为家里的事发表意见,最后再从实际角度出发告诉孩子为什么要这样做而不是照他的意见做。父母要教给孩子在各种情况下怎样考虑问题才能提出更好的意见,鼓励他下次继续表达自己的看法。

不再威逼利诱,让孩子自主学习

 情景展现

玥玥写作业总是很拖拉,为此妈妈想尽办法。这样的一幕几乎每天都在上演:

妈妈:"今天9点前必须写完作业,写不完的话明天不许看电视。"

玥玥:"哦。"

过了一个小时,见女儿还没有写完作业,妈妈心急如焚,改变策略道:"宝贝,如果你能在一个小时之内把作业写完,妈妈就给你买你想要的那套拼图。"

玥玥眼睛一亮:"真的吗?我马上就写完。"

 沟通解析

很多父母抱怨自家孩子不爱写作业,那么一点儿作业每天都要拖到很晚才做完,总得父母催着、赶着才写上几个字。孩子学得被动,父母催得心累。

有时为了让孩子学习,父母威胁、逼迫手段齐出,甚至"许以重利"。然而"威逼利诱"的次数多了,同样的威胁话语对孩子就不再具有威慑力,反而有可能让他生出破罐子破摔的心理。同理,物质奖励的方式用多了,孩子的胃口会越来越大,索要的"奖品"也会越来越贵,最终令父母无力负担。当父母不能满足孩子的要求时,孩子可能就会干脆不学了,因为能够刺激他学习的动力消失了。

在父母的"威逼利诱"下才能学习的孩子,就像拉磨的驴,必须被鞭子抽着、赶着才会转上一圈。这样的学习状态是被动的,而被动学习不但没有效率,效果也会很差。

比如,快要期末考试了,孩子在家的学习状态却还是每天拖拉、过目就忘,父母见了便更容易大发雷霆。诚然,父母花费大量的时间、精力甚至金钱来威逼利诱,就是为了让孩子多学一些知识,但这样被动的学习却让孩子学过就忘、吃了就吐。孩子学的知识根本没得到好的吸收,完全是在白费力气。

要想提高孩子的学习效率和成绩,父母一定要避免"威逼利诱"这种错误的诱导方法,而应该想办法激发孩子自主学习的能力,让孩子变被动为主动。只有孩子发自内心地愿意学习、喜欢学习,才能收获好的结果。

摒弃威逼利诱,如何让孩子变被动学习为主动学习,这需要父母采用正确的沟通方式。

 非暴力沟通的语言方式

父母对孩子要多鼓励、少打击,让孩子觉得学习并不是一件痛苦的事,可以从学习中获得快乐和成就感,如此他就会发自内心地喜欢学习。同时,要培养孩

子自主学习的良好习惯，教孩子克服学习方面的畏难情绪。

一、善于发现孩子的闪光点

当孩子考了高分但不是第一名时，父母可以这样说：

> "你这次比上次多考了几分，和自己比起来有进步了呢，真棒！"
> "上一次这个类型的题你错了，这次答对了，说明你这段时间很注意规避这类错误，用心在学习了，妈妈为你点赞。"

当孩子考试成绩不理想时，父母可以这样说：

> "虽然这次分数有点儿低，但我发现有一道题你们班大多数同学都做错了，而你做对了，说明你是很棒的。"
> "这个答题角度很新颖，只是步骤出了点儿小问题。如果能更仔细一些，你一定会做得更好。"

要想让孩子对学习产生兴趣，就不要吝啬赞美和鼓励。让孩子知道父母看到了他在学习上的努力和一点一滴的微小进步，这样他就会更有动力去继续钻研。

二、陪孩子制订学习计划

当孩子写作业磨蹭拖拉时，父母可以这样说：

> "我们来制作一张表格。每晚9点之前,我要把工作做完,你要把作业写完。按时完成的人可以在表格上贴一朵小红花。每周末进行总结,比比谁的小红花更多。"
>
> "每天做作业时你可以先把不会的空着,等其他的都写完了,妈妈来陪你一起攻克难题。"

当孩子因为题太难而抗拒写作业时,父母可以这样说:

> "这道题确实很难,我也不太会,你不妨发信息和同学商量下吧。"
>
> "我们把这个类型的题整理出来,每天做一到两道,妈妈陪你一起征服它,以后你遇到它就不会再害怕了。"

在孩子遇到难题时,父母的批评往往会让孩子本就焦虑的心更加畏惧,从而对学习产生抗拒心理。相反,如果父母能够通过鼓励和制订计划帮助孩子克服难关,那么孩子就能在心理上战胜难题。到时候,挑战难题将会变成他的一种乐趣,他渐渐就会乐于自主学习了。

严厉惩罚虽然从效果上看立竿见影，但长期如此，势必会让孩子变得叛逆，产生自卑，甚至报复父母。用温和引导代替暴力阻止，用肯定优点代替否定缺点，用描述事实代替唠叨责备的正面管教，才能培养出自律、有责任感的孩子。

Part 3 不打不骂的管教方法

孩子犯错，为什么不要急着指责

 情景展现

屋子里到处散落着拼图，妈妈看到后火冒三丈，对女儿吼道："告诉你多少次了，拼图玩完了要放回去，怎么就是记不住？！"

女儿吓了一跳，连忙说："我正要收拾呢。"

妈妈说："每回都得要人提醒才收，没见过比你还不自觉的。我怎么会生了你这么一个邋遢的孩子！"

沟通解析

在孩子犯错时，不少父母会忍不住大声指责："说了那么多次，你怎么还是记不住！""真是没救了！"……殊不知，盲目、过度地指责除了伤害孩子的自尊心，让他变得更叛逆外，还会导致他掩盖或逃避错误，甚至误入歧途。

那么，在孩子犯错时，该如何与孩子沟通，才能既不伤害孩子，又能让孩子主动合作呢？答案是描述事实而不指责。父母可以先描述事实，说出自己对一件事的直观感受，然后倾听并感受孩子的需要，最后与孩子商量如何令双方满意。

描述事实意味着只陈述你看到的，不做评价或判断。比如，用"你的房间到处是玩具，太乱了"代替"你的屋子乱得像猪圈"，直接表明孩子房间乱的事实，同时也含蓄地提醒孩子"该收拾了"。描述事实而不指责，可以避免针尖对麦芒的尴尬与冲突，从而保持亲子沟通的良好氛围。

非暴力沟通的语言方式

对于犯了错的孩子来说，有时直截了当地用简洁的语言描述事实就能够使他认识到自己的错误，从而自觉地加以改正。

一、表达感受

当孩子乱动你的电脑或工作资料时，父母可以这样说：

> "我不喜欢你未经我的允许就把我的资料乱放，这会让我很苦恼。"
> "我电脑里的资料被误删了，这给我带来了一些麻烦，我感到很生气。"

当孩子把衣服随便乱丢时，父母可以这样说：

> "我辛辛苦苦洗好的衣服没有叠好放进衣柜，我觉得自己的劳动都白费了。"

父母在表达感受时，重点放在"我"上，可以有效地避免指责，同时让孩子理解并体谅父母。

二、简单提示

当孩子喝饮料撒了一地时，父母可以这样说：

> "孩子，地板！"
> "宝贝，你的脚下！"

当孩子往洗手池里放水忘记关水龙头时，父母可以这样说：

> "儿子，水龙头。"

简洁明了的语言可以让孩子快速意识到自己的问题，然后立刻行动。

如何不打不骂拒绝孩子

 情景展现

晚饭前，小禾跑到厨房对妈妈说："妈妈，我想吃薯片。"

妈妈："饭马上就好了，吃什么薯片！吃完薯片一会儿还吃不吃饭了？"

小禾："我想吃嘛。"

妈妈："不行，先吃饭！"

小禾哭闹起来："我就要吃薯片！吃薯片！"

妈妈忙着做饭，不耐烦地说："行行行，只许吃半包，不许多吃！"

小禾立刻停止哭泣，满意地离开了厨房。

这个故事可能还有另一个结局：

面对哭闹的小禾，妈妈生气极了，一巴掌打过去，然后把他拖出厨房，威胁他再哭就站到门外去。

 **沟通解析**

当父母不愿意满足孩子的要求，孩子为达目的哭闹撒泼时，一些父母出于心疼孩子或者嫌麻烦，常常会选择妥协。结果，孩子发现自己一哭闹父母就会改变主意，那么之后再出现类似的情况他便会如法炮制，甚至变本加厉。

一般来说，容易妥协的父母都不想面对孩子在被拒绝后出现的失望、伤心、愤怒、委屈等情绪。比如，当孩子因为被拒绝而表现出愤怒时，有些父母接到的心理暗示是"我满足不了孩子的欲望"或"我不知该如何教育孩子"，因此产生"我真是个糟糕的家长"这种念头；又比如，当看到孩子委屈隐忍时，父母内心就会产生无以名状的内疚感。

孩子的负面情绪会让父母感到痛苦，所以当孩子提出要求时，父母会下意识地想：如果我拒绝他，我就必须面对他被拒后的负面情绪，而这会让我很烦躁，倒不如直接答应他。

还有一些父母在孩子哭闹时，会直接采取打骂或者呵斥的粗暴方式管教。比如，孩子不想写作业，想出去玩时，父母说："你敢出去看看，看我不打断你的腿！"这会让孩子感觉很受伤，有时不是拒绝本身，而是拒绝的态度。粗暴的拒绝只会加剧孩子的反抗情绪，使矛盾激化。

通常，父母采用打骂方式制止孩子哭闹出于两个原因：一是他们受到了大脑中"镜像神经元"的影响，即在沟通中受到对方情绪的影响。如果对方心情好，自己也容易跟着愉悦。如果对方生气、愤怒，自己也容易被带入负面情绪中。二是潜意识下的应激反应。也就是说，在那些父母童年的记忆中，如果他们的父母听到自己哭闹就予以打骂、斥责，那么当自己做了父母之后，孩子的哭闹就会激发储存在他们潜意识中的记忆，导致他们模仿当时父母的言行举止。

对于孩子提出的要求，父母不能都予以满足，但拒绝方式要温和而坚定，不能带着敌意。比如，不管孩子如何哭闹，都保持平静，表明自己的态度，并且按照自己的原则去做。孩子感受到父母的坚定，就会放弃无理取闹。

非暴力沟通的语言方式

拒绝孩子的不合理要求，需要父母态度鲜明、立场坚定，同时要采取正确的说话方式。

一、用"可以……但……"句式

当孩子想要在饭前吃零食时，父母可以这样说：

> "你是不是饿了？你可以先吃点儿水果开开胃，但饭前不能吃薯片。"
> "你可以吃薯片，但要先吃完饭。"

当孩子想要玩耍或看电视时，父母可以这样说：

> "我们约好的，每天可以看一个小时电视对吗？我希望你遵守我们的约定。"
> "你可以出去玩，但到了吃饭的时间一定要回家。"

父母直接对孩子说"不""你不能在饭前吃零食""你不能出去玩"这种话，很容易激起孩子的逆反心理，因为这会让他认为父母是在武断地下命令，并没有站在他的角度上理解他，所以也就不愿意合作。但换一种说法，同样是表达"饭前不能吃零食"，用"你可以……但……"的句式，先满足孩子的要求，再设置底线，提出自己的要求，会让孩子更容易接受。

需要注意的是，设置的底线一定要严格恪守，不能随心情好坏而时时变化，否则会让孩子变得规则意识淡薄，甚至陷入迷茫。

二、表达感受 + 提供选项

当孩子在家里乱扔飞机，造成混乱时，父母可以这样说：

> "你在屋里扔飞机让我有点儿不高兴。你可以出去在小区花园玩，或者现在就把它收好。"
>
> "我不喜欢你在家里玩飞机，那样会把屋里弄得一团糟。先把飞机收起来，我忙完后带你出去玩怎么样？"

当孩子想要买新的玩具时，父母可以这样说：

> "我觉得你类似的玩具已经很多了，而且你这个月买玩具的次数已经用完了。如果你实在想要，可以等下个月。"
>
> "这辆小汽车和上次叔叔送你的那辆很像，如果是我，我会考虑选一个不一样的。"

给孩子提供选项让他自己做选择，会让孩子有一种"行使权力"的感觉。年龄较小的孩子不知道哪些要求是合理的，父母可以直接给他们设定两个合理的选项供他们选择，同时通过表达自己的情绪和感受，让孩子慢慢体会到"我这样的行为会对别人产生不好的影响""我应该在意别人的感受"，逐渐减少无理要求。

怎样用肯定代替否定

情景展现

小锦花了一个多小时的时间编好了一个中国结,高兴地拿去给妈妈看。

妈妈看了一眼就笑道:"你这哪是中国结,编得跟麻花似的。"

小锦反驳道:"就是中国结呀!我编了一个多小时呢!"

妈妈把她抱过来哄道:"宝贝,你不适合做手工,以后有这种作业喊我帮你就行啦。"

"不!"小锦挣开妈妈的怀抱,哭着跑开了。

 沟通解析

有时候孩子完成了一件小事,就会找父母"炫耀"。可在大人看来,那没什么值得夸耀或自满的,于是有些父母就会给孩子"泼冷水"。

比如,孩子的手工做得不像样,他们就会说"你不适合做手工"。这其实是在变相地告诉孩子"你动手能力太差",会直接打击孩子的自信心。实际上,对孩子来说,父母随口的一句否定,不但会打击他的自信心,还会给他造成一种"我的努力和认真都是在浪费时间"的感觉,容易导致孩子日后不愿再花费时间去劳动的后果,因为"反正妈妈也说我做不好了"。

作为父母,用肯定优点的话来代替否定缺点的话,能让孩子对自己更有信心,更愿意去尝试。比如,孩子手工做得不好看,父母可以说:"你居然能够坐在那里,坚持做一件事那么长时间,真有耐心!"用夸奖孩子有耐心代替否定孩子动手能力差,不仅会让孩子高兴,也会鼓励她发扬有耐心的优点。

父母的正向肯定会给孩子一种心理暗示,即"我这样……真的很不错"。渐渐地孩子会越来越相信自己具有这一优点,变得更自信,从而使这一优点得到更好的发展。

用肯定优点代替否定缺点,在教育心理学中属于"赏识激励法",即认识到别人的价值、才能并予以肯定、激励或表扬。赏识激励法鼓励父母教育孩子要"扬长避短",充分发掘孩子的优点,帮助孩子克服或回避缺点或不利条件。

但要注意的是,肯定优点并不意味着一味地盲目鼓励,在恰当的时机,父母可以在肯定孩子优点的同时委婉地提醒他注意自己的短板。

 非暴力沟通的语言方式

那么,父母如何用肯定优点代替否定缺点呢?

一、避开缺点，表扬优点

当孩子坚持每天早上背单词，可单词检测还是没拿满分时，父母可以这样说：

> "你能坚持每天背单词，真有毅力。"
> "那几个最难记的单词，你都拼对了，说明你这一周复习得很用心。"

当孩子帮忙包饺子，包得不够好看时，父母可以这样说：

> "你包的饺子一点儿馅儿没有漏出来，比我小时候强多了。"
> "你包的小鱼饺子，很可爱。"

用"有毅力"代替"记性差"，用"可爱"代替"丑陋"，这样的表达明显要比"背了那么长时间怎么还没记住，连八十分都拿不了"和"看你包的饺子，像丑八怪"要好得多。肯定孩子的优点一定要尽可能地说得具体一些，描述得越详细越好，如果只是泛泛地夸奖孩子"懂事""努力"，容易起不到激励的作用。

二、肯定优点，指出不足

当孩子偏科严重，各科考试成绩相差很大时，父母可以这样说：

> "我看到你语文的阅读大题答得很好,作文也是全班最高分。相比来说,英语阅读和写作还需要多练习。"
>
> "你平时喜欢阅读,知识面很广,这是优势。如果你的数学成绩能再提升一些,你一定能考取自己喜欢的学校。"

当孩子收拾了房间,将许多物品放错了位置时,父母可以这样说:

> "我看到你把玩具都放回了柜子里,被单也铺得很整齐。只是把窗台忽略了……"
>
> "你把看完的书放回了书架,让桌面变整洁了。也给书架上的书排排队吧,整整齐齐的才和书桌配得上。"

肯定孩子在某一方面做出的成绩,孩子才愿意倾听父母接下来的建议。

闭嘴，给孩子辩解的机会

情景展现

爸爸一进门就发现儿子手里拿着一包辣条，顿时怒道："怎么又买这种垃圾零食吃？告诉过你多少次了，不许吃！"

儿子刚要解释，爸爸便打断了他："闭嘴！我不听你的借口，现在立刻给我扔了！"

儿子听了，委屈地憋着眼泪，转身回了自己房间，关上了门。

爸爸见了更生气了，正要追上去继续教训，妈妈拦住他说："这是昨天我随口提了一句'想吃辣的'，儿子记住了，所以给我买的。你不让吃就不让吃，跟孩子好好说就是了，发什么火呀！"

沟通解析

生活中经常发生这样的情况：孩子犯错，父母总是会单凭对孩子的既往印象和主观臆断，来对孩子的行为做出不客观、不中肯的评价或训斥。如果孩子想要解释或申辩，父母就会更加生气，认为孩子是在找借口，是在"狡辩""顶嘴"，因此喝令孩子"闭嘴""住口，不用解释"，让孩子满腹委屈。

有时，孩子犯错是无意识的，如果父母只凭自己看到的和以往的经验就擅自给孩子"定罪"，很有可能会冤枉孩子。如果孩子经常被父母喝令"闭嘴""住口"，很有可能会渐渐地放弃辩解，将委屈积压在心里。长此以往，他们的心理负担会越来越沉重，甚至产生严重的心理问题。

给孩子辩解的权利，是尊重孩子最起码的要求。给孩子辩解的权利，就是让孩子把事情讲清楚、讲明白。即使是在法庭上，被告人也有为自己辩护的机会，所以父母在给孩子"定罪"之前也应该听听孩子为自己所做的"辩护"。

有时，也许孩子犯错的出发点是好的，也许孩子犯的错误确实情有可原，父母一定要善于倾听，先搜集证据，全面了解事情的真相，再来判断孩子的行为究竟是无心之失还是故意为之。

在没有了解清楚事实之前，不要盲目指责。给孩子为自己申辩的机会，才能避免无端地误解孩子，给孩子造成伤害，也才能让孩子们体会到父母对他们的尊重。到时候，他们才会发自内心地愿意接受父母的管教。

非暴力沟通的语言方式

父母要让孩子意识到他做错了事，你在生气，但你愿意克制自己的脾气，给他一个辩解的机会。

一、给孩子发声的机会

当孩子被老师或同学告状时,父母可以这样说:

> "他们跟我说你今天……现在妈妈想听听你的解释。"
>
> "你和……打架了,打人很不好,我今天被老师批评了。现在,你想不想向我解释一下打架的原因?"

当孩子偷拿了父母的钱时,父母可以这样说:

> "下面有请'被告人',来发表自己的辩护意见。"
>
> "偷钱是绝对不可以的,你说你没偷,那我能问问你想拿钱去干什么吗?"

在没有调查清楚真相之前,不要给孩子下结论。批评前,先问问孩子原因,听听孩子怎么说,弄清楚前因后果,再做判断。

二、教孩子正确面对错误

当孩子偷偷带零食去学校,并说很多同学都带时,父母可以这样说:

> "不允许带零食是学校的规定,每个同学都应该遵守。别人不遵守

是别人的事，咱们一定得遵守。"

"学校禁止带零食，是考虑你们的安全和健康。比如，吃多了零食会影响吃正餐，掉在地上的食物残渣会影响卫生。你说说看，我们是应该遵守规定，还是跟着其他同学一起犯错误？"

当孩子解释是因为同学先骂他，他才动手打人时，父母可以这样说：

"他骂你，你肯定很生气，但有没有更好的处理方式呢？不管怎么说，打人是不对的呀。"

"我认为如果你在他骂你时，请老师来解决问题，会比自己动手打人好得多。你说呢？"

当孩子因为别人那样做，而觉得自己也可以那样做时，父母要引导孩子认识错误，建立正确的是非观。

如何引导孩子主动认错

 情景展现

妈妈:"为啥打妹妹?知不知道自己错了?"

小丁:"她抢我的玩具。"

妈妈:"就算她抢你的玩具,你也不能打她。去跟妹妹说对不起!"

小丁:"为啥是我道歉?"

妈妈:"因为你错了!快去!"

 **沟通解析**

孩子犯了错，大多数父母总是会在第一时间让孩子认错。比如，孩子在花园里玩时和小朋友起了冲突，互相打了两下，父母会要求自家孩子先道歉。又比如，孩子因为害怕被父母惩罚所以撒谎否认自己犯了错，父母发现后也会逼迫孩子承认错误。如果孩子拒不认错，父母就会更加生气。那么，为什么父母习惯于逼迫孩子认错呢？

一方面，父母是想要树立自己的威信。在传统的观念中，孩子应该无条件地服从父母，所以孩子犯错时许多父母不问缘由就想要孩子先承认自己的错误，甚至拿出自己的权威来对孩子施压。殊不知，这样只会让孩子迫于压力敷衍认错，而并不会真正认识到自己哪里错了。

另一方面，父母有时候也是为了发泄自己的情绪。有些父母平日里生活和工作的压力比较大，内心难免有积压的负面情绪，于是借着孩子犯错的由头发泄到孩子身上。

为了免受父母的唠叨或者斥责，或者迫于父母施加的压力，孩子往往只在嘴巴上承认错误，心里却愤怒、不解、不服气。这样的管教方式不仅不能让孩子知错就改，还会强化他的不良行为，让他学会撒谎，变得更叛逆。

认错的意义在于孩子发自内心地觉得自己做错了，真心实意地想要改正。只有孩子主动认错，真正明白哪里错了，认错才有意义。

孩子做错事后拒绝认错和道歉，很有可能是因为他心里认为自己是对的，并没有意识到自己犯了错，所以作为父母，我们要引导孩子学会认识错误。

当孩子犯错时，父母的脑海里往往会在一瞬间想到许多问题：这件事是不是孩子做错了，错在哪儿？发生了这样的事，会导致什么后果？需要多少人花费多少时间和精力去进行善后？

父母可以很快形成逻辑链，但孩子往往做不到这一点，他们并不清楚自己的错误会导致什么后果，因此当受到父母批评时甚至可能觉得是父母故意针对他。

父母可以把因果关系掰开来揉碎了讲给孩子听，让孩子能正确认识自己犯了什么错，为什么要认错，为孩子道歉提供一个合理的台阶。

非暴力沟通的语言方式

如果孩子认识不到自己的错误，只是被逼得认错、道歉，那真的毫无意义。如何才能引导孩子正确地认识错误，并主动认错呢？

一、提醒错误

当孩子在抢别的小朋友的玩具时，父母可以这样说：

> "宝贝，那是小朋友的滑板车。你如果想玩，得先和他商量商量。他同意了，你才能玩。"
>
> "如果别的小朋友不经过你的同意，抢走你的球，你是不是也不高兴啊？"

当孩子上学总是忘记带文具盒时，父母可以这样说：

> "你今天没带笔，上课时怎么记笔记的？"
> "上课时发现没有带文具盒，是不是很着急？"

孩子犯错时，父母可以提醒孩子为什么错了、错在哪里，或者提示孩子想一想犯错的结果。只有让孩子认识到自己的行为是错误的，他以后才会注意不再犯同样的错误。

二、给足安全感

当孩子不小心摔碎了花瓶，因害怕被责罚而隐瞒时，父母可以这样说：

> "花瓶碎了可以再买新的，如果用一个花瓶能换来诚实守信的好品格，那真是稳赚不赔的买卖。"
> "宝贝，不管发生什么，你永远是妈妈最爱的孩子。"

当孩子在学校和同学打了架，回家不敢告诉父母时，父母可以这样说：

> "不论发生什么，爸爸妈妈都会永远站在你这一边。"
> "如果你害怕，可以不说，什么时候想说了，随时来找妈妈。"

孩子拒绝认错，有可能是出于害怕受罚等原因。因此，在日常生活中，父母要给孩子足够的安全感，让孩子知道不论他做错了什么，父母都愿意倾听他、理解他，都会一样地爱他。孩子感受到这一点，自然就不会惧怕认错了。

让孩子体验错误行为的"自然后果"

 情景展现

妈妈:"7点钟了,该起床了。"

飞飞:"让我再睡10分钟吧。"

妈妈:"10分钟到了,起来吧。"

飞飞:"知道了,知道了,烦死了!"

妈妈:"再不起床,就要迟到了!"

飞飞这才慢吞吞地起床,妈妈急得帮他穿衣服、扣扣子。

 沟通解析

为了帮助孩子规避错误，父母每天都在做很多的努力。比如，每天早晨不论多痛苦也要花费大量时间和精力哄孩子起床，免得孩子上学迟到；每天晚上为孩子整理书包，以免孩子因为落下了某项作业而被老师责罚；即使孩子和父母对着干，父母也要强忍怒火替孩子收拾烂摊子。

然而，父母的面面俱到，并不能帮助孩子成长，反而会让他们认为凡事都有父母帮忙："我不会迟到，因为父母会叫我起床；我不会忘带作业，因为妈妈会帮我装进书包；我可以在超市里随便跑、跳、大喊，反正爸妈能把一切摆平。"

父母好话说尽，也经常威胁恐吓，孩子却"软硬不吃"。与其这么纠结，不如干脆放手，让孩子去体验自己的错误行为带来的后果，为自己的行为"买单"。

18世纪，法国著名的教育家卢梭曾在他所著的《爱弥儿》一书中提出一个著名的教育法则，即"自然后果的惩罚"。19世纪，英国著名教育家斯宾塞则在此基础上进一步发展、完善了这一法则。

"自然后果的惩罚"的重点在于，让孩子自然地去面对并感受自己的不当行为所带来的障碍、挫折、痛苦和不便，并且从中吸取经验教训。它否定了父母常用的给孩子讲大道理的方法，也反对对犯错的孩子实施惩罚，而是主张顺应事情的自然发展，让孩子自己去感受自己的错误带来的结果，以此来让孩子发自内心地进行警醒和深思，吸取经验教训，学会错误行为与不良后果之间自然的因果关系，进而产生自我反省，之后对自己的错误加以注意和改正。

"自然后果"带来的惩罚有许多好处。对孩子来说，它是客观、公正的，并且不是他人给予的，而是由自己的行为引发的，不会让孩子觉得受委屈或者被冤枉，能够减少孩子的抵触情绪，并且更能够使他们从痛苦中自发地反思，牢牢记住自己所犯的错误，避免以后再犯。

但需要注意的是，如果孩子已经承担了自己的错误行为所导致的"自然后果"时，父母切忌再"落井下石"。

孩子不需要"我早就告诉过你……""如果你听我的就不会……""看到了吧,这就是不听话的下场"这些"马后炮",而是需要父母安抚他们的心灵,必要时为他们提供建议或帮助。如果犯了错还被父母奚落,孩子会更加愤怒或难过,"自然后果"的教育法也就不会起到相应的作用了。

非暴力沟通的语言方式

那么,在让孩子体验错误行为带来的"自然后果"时,应该注意些什么呢?

一、提醒要点到为止

当孩子赖床时,父母可以这样说:

> "现在是7点10分,如果你坚持再睡5分钟,很有可能会迟到。"
> "你当然可以选择再睡一会儿,不过学校是一定要去的。"

当孩子没有好好收拾书包时,父母可以这样说:

> "你要记得带明天上学需要用的东西。"
> "如果忘记带作业,爸爸妈妈是没办法请假回来给你送去的。"

父母要注意避免说"你迟到被批评了,我可不管"之类的话,那样可能会激起孩子的逆反心理。提醒孩子要语气平静地陈述事实,而且要点到为止。

二、让孩子自己想办法

当孩子因为赖床迟到被老师批评时，父母可以这样说：

> "被老师批评的滋味肯定不好受吧，那你觉得怎么做才能保证不迟到呢？"
>
> "你肯定不想再被老师批评了，那你明天早上是自己定闹钟还是让我喊你？"

当孩子因为在外面玩水弄湿了衣服时，父母可以这样说：

> "妈妈出来没有给你带衣服，你的衣服湿了怎么办？"
>
> "你的裤腿都湿了，咋办？"

问题出现后，直接帮助孩子解决问题，会让孩子产生依赖心理，对错误也没有足够的认识。让孩子自己思考解决方案，可以培养孩子自主思考的能力，同时也能让孩子学会主动为自己负责。

为什么要让孩子参与改正错误

 情景展现

娜娜将果汁洒在了衣服上,妈妈:"你看你弄的!快脱下来,我去给你洗了!等等,我先找一件新的给你穿。"

娜娜:"妈妈,要不我自己洗吧。"

妈妈:"你哪洗得干净,还是别添乱了,快脱!"

娜娜:"哦。"

沟通解析

在现实生活中，似乎不论孩子犯了什么错，父母都可以无所不能地为他们收拾好烂摊子。其实，这对孩子的成长非常不利，可能会让孩子丧失责任心。为了避免这种情况发生，父母在孩子犯错后最好先不要替孩子收拾残局，而是要让孩子自己参与弥补错误。父母可在一旁引导和辅助。

首先，让孩子参与弥补错误可以锻炼孩子的决策能力。孩子亲身参与到对自己所犯错误的弥补中，能够深入认识自己的错误。而且，为了弥补错误，他需要独立思考并实践，这无形中会提高他们的思考能力和独立解决问题的能力。其次，让孩子参与弥补错误可以培养孩子的同理心。让孩子亲自参与解决问题，花时间和精力去收拾自己的烂摊子，他才能体会到父母的辛苦和不易。

非暴力沟通的语言方式

孩子犯错后，父母要先教育孩子认识自己的错误，让孩子自己先思考，提出补救方案。如果孩子想不出或提议不成熟，父母可以帮忙引导或加以补充。

一、通过表达感受让孩子认识错误

当孩子把妈妈刚洗好的衣服弄脏时，父母可以这样说：

> "一想到我还要再花一个小时重洗一遍，我真的很难过。"

当孩子借用完父母的东西乱丢乱放时，父母可以这样说：

> "我找不到我借出去的扳手了,这让我非常焦虑。"
> "我希望我放在抽屉里的剪刀,它能好好地摆在原处。"

父母在对孩子表达感受时,应该尽量说"我觉得……"而不要说"你让我……""因为你……",还要避免说"你只会捣乱"之类带有谴责意味的话。

二、询问情况,补充建议

当孩子拿彩笔在床单上乱画时,父母可以这样说:

> "香皂能不能搓掉?如果搓不掉,我们就用漂白粉试试。"
> "怎么样?能洗掉吗?在肥皂水里泡一会儿试试?"

当孩子把泡泡糖粘到沙发上时,父母可以这样说:

> "泡泡糖很黏吧?如果用手抠不掉,我们就去网上查查怎样才能清理干净吧。"

当孩子犯错时,父母可以先引导孩子自己去想如何才能弥补过错。如果孩子想不出来,或者想法欠妥,父母可在此基础上进行补充和给予建议。

不需要惩罚,也能给孩子立规矩

情景展现

小海:"妈妈,我饿了,我想吃汉堡。"

妈妈:"现在饿了?饿了也得忍着,这是你刚才吃冰激凌需要付出的代价。"

小海急哭了:"可是我真的饿了!"

妈妈:"我刚才说过了,冰激凌和汉堡只能吃一个,你要为自己的选择负责。"

沟通解析

有些父母想要教孩子为自己的选择负责,承担相应的后果,于是往往采用惩罚的方式。比如,"因为你吃了冰激凌,所以不许吃饭","你再不把电视关掉,我就关你禁闭",或是"现在立刻把作业写完,否则周末不许出去玩"。这些或威胁恐吓,或命令控制,在父母眼中是在给孩子"立规矩",是在告诉孩子"饭前不能吃冰激凌""看电视需要控制时长""作业要按时写完",但在孩子眼里却都是不折不扣的惩罚。

俗话说得好,"没有规矩不成方圆"。可是,惩罚孩子真的能达到立规矩的目的吗?要回答这个问题,就得分清楚立规矩和惩罚这两种行为。

惩罚会给孩子带来大量的负面感受。通过受惩罚"长记性"的孩子,或许真的可以避免下次犯同样的错误,但这是因为他的身体记住了上一次受罚时的痛苦,是出于对父母责罚的惧怕与身心的恐惧,而非真正认识到自己的错误并发自内心地改正。这样的孩子随着年龄的增长会越来越难管,当他们认为"我已经为我犯的错付出代价了,这很公平",不再对所犯的错误抱有负疚感时,父母的惩罚就不再具有威慑力,他们也就会对自己犯的错感到无所谓了。

那立规矩是怎么回事呢?立规矩就是告诉孩子凡事都有一条底线,在底线之上他可以做哪些事,而哪些事是坚决不可以做的。而且,父母和孩子都应自觉地遵守这套规矩,并互相监督。

立规矩可以帮助孩子快速有效地认识这个世界,通过小家的规矩来理解大环境的规矩。比如,父母通过在家庭规矩中列入"父母不在身边时,过马路一定要等绿灯亮起后再走",教给孩子"红灯停,绿灯行"的交通规则。孩子也可以通过家庭的规矩明白自己做事的界限在哪里。规矩在对孩子的成长起约束作用的同时,也会使孩子具有安全感。这样一来,父母不需要惩罚孩子,也可以达到教育孩子的目的。

非暴力沟通的语言方式

那么,父母如何做到不打不骂给孩子立规矩呢?

一、明确"坚决不"和"可协商"

当孩子提出要独立过马路时,父母可以这样说:

> "你可以自己过马路,但要记住,不管任何时候,不管有没有车,都不可以闯红灯!"
>
> "就算是学校门口的那种小马路,也要记住不能闯红灯,在绿灯时才能过!"

当孩子对父母规定的回家时间提出异议时,父母可以这样说:

> "你认为6点回家太早了是吗?你觉得几点回家合适?6点半可以吗?"
>
> "如果你还想在外面玩一会儿,那可以在无作业日那天和周五。这两天可以晚一点儿回家,你觉得怎么样?"

对于"不能闯红灯""不能接近高压线缆""不能用手直接触摸开水瓶"等可能会危害到孩子安全的问题,父母一定要坚守底线,坚决地对孩子说"不"。对于孩子提出的合理诉求,经过双方协商可以适当地进行折中处理,制定让双方都可以接受的规矩。

二、弄清楚孩子违反规矩的原因

当孩子不愿意排队时，父母可以这样说：

> "你是不是感觉人太多，排队很无聊？我们抽这个空，玩个游戏怎么样？"
>
> "今天人是有点儿多，但你看，没有一个人插队。你数数在我们后面还有多少人吧。"

当孩子没有写作业就看电视时，父母可以这样说：

> "你今天没写作业就看电视了，可以告诉我原因吗？"
>
> "爸爸看电视，让你去写作业，你是不是觉得很不公平？我也得改改，以后你写作业时，我就不看电视了。"

面对破坏规矩的孩子，父母不要急着发火，应当先搞清楚孩子为什么这样做。是出于对规矩的不满，认为不合理，还是单纯的叛逆，想要挑战父母的权威？只有了解真正的原因，我们才能对症下药，采取更恰当的方式去教育孩子。

不恰当的赞赏，不仅不会让孩子变得更自信，反而会让孩子变得傲慢自大，或者脆弱怯懦。只有适度的、具体的、及时的、真诚的赞美，才能让孩子产生荣誉感和自豪感，愿意主动努力做得更好。

Part 4 恰当地赞赏孩子

怎样积极发掘孩子的优点并表扬

 情景展现

"妈妈,你是不是对我很失望?"

"为什么这么说?"

"我总是被留堂改作业,是不是很丢人?"

"妈妈没觉得丢人,我看到你改的作业没有再错,而且写得很认真,不懂的还会主动问老师,我还为你自豪呢。"

"真的吗?"

"真的。你学习很认真,只要认真就差不了呀。"

 **沟通解析**

考试没考好，学习成绩差，家庭条件不如班上的其他同学，这些都有可能导致孩子产生自卑心理。自卑是一种心理缺陷，自卑的孩子会轻视或过度低估自己，认为自己不如别人。这种情绪在年幼的孩子身上很容易出现。

孩子会自卑，很大一部分原因是将自身与他人进行了对比。想一想，就连我们大人也会下意识地在心里做比较，诸如哪个同事比我挣得多，哪个同事被领导表扬了。孩子也是一样，并且孩子可比较的方面更多：学习成绩的好坏，作业的优劣，谁用的文具好看，谁有最新的玩具……甚至连吃饭快慢这种小事都有可能被小孩子拿来进行比较。当发现自己不如别人时，孩子就会产生自卑感。严重的自卑感会对孩子的身心健康造成深远的负面影响，因此父母要及时引导孩子摆脱自卑。

父母可以通过表扬孩子的优点来强化孩子的自我肯定。要做到这一点，要求父母的眼光要放宽，着眼于整体，不能只局限于学习成绩。孩子的礼貌举止、兴趣爱好、动手能力、劳动能力等方面都是父母可以进行考虑的因素。看到的面宽了，自然就不难找到自己孩子的优点。

在孩子的学习方面，父母不应只着眼于成绩高低。孩子对于学习工具的运用，字迹的整齐程度，卷子收纳的习惯，甚至握笔的姿势是否规范，等等，都可以作为正面评价的依据。

父母要善于发现孩子身上微小的闪光点，表扬孩子的优点，给孩子中肯的评价，鼓励孩子多与自己做比较，强化自我肯定，不必太过在意别人的眼光。

 **非暴力沟通的语言方式**

对于自卑感强烈的孩子，要注意及时肯定和表扬孩子的点滴进步。

一、指出其他优点

当孩子因考试成绩比同学差而感到自卑时,父母可以这样说:

> "他最后一道大题全对,但你前面的基础题一道都没有错,这说明你知识学得很扎实。"
>
> "她的总分高一些,但你的作文分更高,说明你的写作很好。这与你平时热爱阅读的良好习惯有关,不是吗?"

当孩子因没有别人漂亮而感到自卑时,父母可以这样说:

> "美丽不只是脸蛋漂亮,真正的美是一种气质。像你这样爱读书的女孩,会越来越有气质。"
>
> "好孩子,你热心帮助同学的善良品格,是比漂亮外貌更宝贵的东西呀!"

当孩子因为比较而自卑时,如果父母一味地强调孩子不比别人差,很可能并不能说服孩子,毕竟事实就是事实。这时,不妨指出孩子身上的其他优点,加以肯定和赞美,这样他才能发自内心地肯定自己。

注意,千万不要通过贬低他人的方式来肯定孩子,而要从孩子自身出发,描述他内在的闪光点,不要让孩子陷入和他人进行比较的恶性循环中。

二、换个角度看不足

当孩子写字很慢时，父母可以这样说：

> "慢一点儿，说明你很细心，也很有耐心，还能避免写错。"
> "写字开始就要慢一点儿，一笔一画既工整又好看。"

当老师反映孩子上课不积极举手时，父母可以这样说：

> "我想你不是不会，而是想再思考一下，以确定不会答错。这是一个很好的习惯。"
> "善于听别人说，会让你很有魅力。不过，有时候也可以展示一下自己。"

凡事没有绝对的好和坏，有时候缺点正好也是优点，父母要打破评判孩子的世俗标准，多角度看待孩子。比如，世俗标准认为孩子一定得开朗大方、能说会道，而敏感内向、口拙讷言的孩子就不好。父母千万不要因此就拼命培养孩子的外向性格。

当父母不愿意接受孩子真实样子的时候，孩子的内心就会陷入纠结、痛苦、自责。对于孩子身上那些非原则性的缺点，父母要给予积极的解读，让孩子学会接纳自己，无论内向还是外向，都变得自信。

孩子再优秀,表扬也要有度

情景展现

妈妈:"我闺女真厉害,不到9点就把作业全做完了。"

女儿听了很高兴,作业写得越来越快,而妈妈每次都表扬她。

周末,妈妈翻开女儿的作业本时才发现,前面的作业整洁而且全优,后面的则越来越潦草,错误率也越来越高。

妈妈很生气:"怎么错了这么多?你是怎么写的作业?"

女儿:"我……我就想快点儿写完。"

沟通解析

　　有些父母为了贯彻"好孩子是夸出来的"的教育方法，只要孩子有一点儿小事做得好或有微小的进步都不吝啬自己的表扬。但过度的表扬并不能起到鼓励、促进孩子进步的作用，反而有可能会使孩子变得骄傲自满，认为自己的水平已经足够好了，于是开始敷衍了事；或者为了听到父母的表扬而逞强去做自己能力达不到的事，给自己徒增负担。

　　更严重的是，那样还可能会导致孩子听惯了表扬，再也不能接受一点儿批评，养成骄纵虚荣的性格。

　　父母们会觉得，表扬也不行，不表扬也不行，到底怎么样才好呢？孩子需要表扬，但不要"过度表扬"。那什么叫过度表扬呢？

　　第一点就是过于夸张，不尊重客观事实，肆意赞美孩子。这会让孩子对自己的定位不明确，产生严重的自傲心理。这会让孩子内心对赞美期望值变高，时间久了，对正常的赞美和鼓励反而不适应，对外界给予的优越感的需求更加强烈。而当孩子的期望和事实不符时，巨大的落差甚至会导致他们心理扭曲。

　　著名的心理学家阿尔弗雷德·阿德勒在《儿童的人格教育》中指出，当一个孩子追求优越感的渴望越加强烈，就会衍生出嫉妒之心。这类孩子为了不让别人比自己更优秀，内心会邪恶地诅咒自己的对手遭受厄运，甚至付诸实际行动去伤害对手，给他们制造麻烦，更严重者不惜以犯罪手段去打击对手。

　　另外，言过其实的表扬也会使孩子担心自己的行为不能匹配别人的赞美，给孩子带来巨大的心理负担，引起孩子的焦虑，扰乱孩子做事的积极性。

　　第二点就是表扬的次数太频繁。我们常说"过犹不及"，道理是一样的。一天到晚总是表扬孩子，孩子听得多了就会渐渐麻木，觉得被表扬也没什么大不了的，从而使表扬失去它原本应有的效用。好比你刚进卫生间时觉得里面很臭，但如果在里面待上一段时间就不觉得臭了，因为你的鼻子已经习惯了那个味道。

　　所以，对于孩子来说，表扬应该起到"画龙点睛"的作用，不要太频繁，但每次表扬都要说到点子上。

要想做到表扬适度,需要父母实事求是,正确对待孩子的优缺点,不夸大孩子的成绩,不为了夸而夸,要鼓励孩子不满足于现有的一点儿小成就,以防孩子产生骄傲自满、虚荣侥幸的心理。

非暴力沟通的语言方式

表扬孩子切忌夸大事实或态度敷衍,还要注意以下两点:

一、对好的行为给予表扬

当孩子主动要求洗碗时,父母可以这样说:

> "你今天主动帮妈妈洗碗,妈妈好开心,感觉你长大了。"
> "谢谢你帮忙洗碗,还洗得这么干净!我要奖励你两颗小星星。"

当孩子主动分享食物时,父母可以这样说:

> "有好吃的,和妈妈一起吃,太有爱了。"
> "谢谢你!这个饼干真好吃,我以前都没有吃到过。"

明确孩子好的行为,无论是孩子主动做家务,还是主动分享,或者是写字姿势标准,又或者是回家把自己的物品摆整齐,都要给予孩子称赞,让孩子感受到被需要、被感谢,就是对孩子良好行为的肯定。

二、不失鞭策地表扬

当孩子为了出去玩匆忙完成作业时,父母可以这样说:

> "今天写作业的效率好高,给你点赞!不过,写完如果能仔细检查一下,看看有没有错误,就更好了。"
>
> "你今天的作业写得又快又好,如果字迹能再工整一些,就更完美了。"

当孩子帮忙洗袜子但没有洗干净时,父母可以这样说:

> "谢谢你帮忙洗袜子,比妈妈搓得还认真。上面还有点儿泡泡,再用清水洗一遍就好了。"
>
> "哇!你把袜子洗得香喷喷的。下次洗衣液可以少放一点儿,要不泡泡太多了。"

父母可以在表扬的基础上加以鞭策,如肯定孩子的同时告诉他怎样做能更好,这样既肯定了孩子的付出,也不会让孩子太过骄傲,能鼓励他下一次继续去做这件事并且做得更好。

肯定孩子的努力，而不是聪明

情景展现

　　小文考了 100 分，妈妈表扬道："我女儿真聪明！我就知道你能做到。"

　　第二次考试，小文只考了 80 多分，妈妈生气道："怎么只考这么点儿分？脑子挺聪明，怎么不好好学？"

　　每当小文解出一道难题时，妈妈就会说："我就知道凭你这聪明劲儿肯定能解出来。"

　　但不论妈妈怎么夸奖，小文的成绩总是停在中游，再也没有拿过 100 分。

沟通解析

大多数父母认为夸奖孩子头脑聪明是对孩子最好的肯定和鼓励，殊不知这是极其错误的。"聪明""智商高""脑子好"，这类夸奖实际上夸赞的是父母带给孩子的基因，也就是先天的东西。

中国女子自由式滑雪运动员谷爱凌是备受瞩目的体育明星，作为奥运冠军的她同时也是以近满分的成绩考入斯坦福大学的"学霸"。此外，她还拥有广泛的爱好。大众以"天才"来赞誉谷爱凌，但她自己却认为，那一点儿"天赋"只是帮助她在起步阶段能够较为快速地学习，但真正要做出高难度且完美的动作，则需要持之以恒地努力训练。

为了夺冠的梦想，谷爱凌永远是"第一个到训练场，最后一个走"，坚持每天锻炼四个小时。这些并非教练或他人的要求，而是她自己对自己的要求，因为她知道努力是最重要的。最终的结果也如她所愿，她所获得的金牌就是对她付出努力的最好回报。

谷爱凌的故事告诉我们，天赋固然重要，但最终要想获得成功，依然离不开长时间的刻苦努力。

如果父母总是夸奖孩子取得好成绩是因为聪明，时间久了，孩子也会认为自己很聪明，进而认为自己即使不练习甚至不好好听课，也能考取好的分数，于是就渐渐地不再努力。

总是被夸赞聪明的孩子往往会认为自己的成绩都是聪明所得，与个人努力没有关系，因此当成绩稍有下滑时就会不知所措，遇到困难就灰心丧气，不想也不敢去面对挫折与挑战。因为他们害怕"聪明的自己"无法成功，为了保有"聪明的头衔"而干脆逃避困难。

而经常被肯定努力的孩子则不同，他们坚信自己的一切都是通过自己后天的辛苦努力得来的，是掌握在自己手里的，所以他们总是充满自信，敢于挑战新事物，并且不怕挫折，越挫越勇。

因此，正确的赞赏方式应该是肯定孩子自身的努力，让孩子知道父母看到了他的努力并给予了他足够的尊重和认可，从而让他认识到只要肯付出努力，就算是"笨鸟"也可以飞上蓝天。

非暴力沟通的语言方式

肯定孩子的努力，要求父母在平时给予孩子足够的关注，重点肯定孩子努力的过程，避免给孩子贴上"有天赋""天才"这类标签。

一、描述孩子努力的过程

当孩子取得好成绩时，父母可以这样说：

> "我看你这个月每天都在整理错题，反复练习自己不擅长的题型，付出了这么多努力，这份好成绩是你应得的，妈妈为你点赞！"
>
> "上次犯的错，这次都没有再犯，而且这次计算很细心，比之前进步了许多。"

当孩子背诵和默写课本得了五角星时，父母可以这样说：

> "你这两天一直在背诵和默写，瞧，付出就有收获。"
>
> "老师留的背诵和默写作业，你每次都很认真地完成，这颗星星是你应得的。"

父母肯定孩子的努力时，应尽量指出他们是如何努力的，说得越准确，孩子内心就越会觉得自己这样努力和付出是值得的，越会有成就感，也就更愿意去努力。

二、让孩子认识到努力可以提升能力

当孩子通过练习能够独立洗衣服时，父母可以这样说：

"你看，虽然一开始你总是把握不好该放多少洗衣液，但有经验后知道用瓶盖来衡量了，现在洗得明显比以前干净多了！"

"宝贝，你的自理能力通过努力锻炼有了很大的提高，妈妈真为你感到骄傲。"

当孩子经历了几次摔跤，学会了轮滑时，父母可以这样说：

"你在学轮滑的过程中摔的跤没有白费，你付出的努力让你现在能够滑得又快又好。"

"只要你肯用心去学，尽最大的努力，你会越来越熟练的。"

肯定孩子努力的结果，可以让孩子相信自己的能力能够通过努力逐步提高。父母应指出孩子取得的进步，同时强调孩子为此付出的努力。

为什么要及时肯定孩子的点滴进步

 情景展现

南南喝完饮料就想走,妈妈叫住了他,说:"自己的饮料杯子,应该自己刷干净。"

南南刷了杯子,妈妈才让他回屋去玩。

第二天,南南喝完饮料主动把杯子刷干净放好,但妈妈并没有注意到。

第三天,南南喝完饮料后又没有刷杯子,妈妈见了生气道:"我怎么跟你说的,自己的杯子怎么又没刷?"

许多父母都会觉得自己的孩子记性太差，嘱咐了好几遍的事记不住，总得要人提醒。比如，自己的饮料杯子不刷，脱下来的鞋子不放好，刷牙后牙刷不放回原处……但有些时候，有没有可能并不是孩子没记住，而是当孩子做好的时候，父母没有注意到呢？

父母为了培养孩子好的生活习惯，通常喜欢许下长期的承诺，比如"这一个月你的抄写都得优，就给你……奖励"，"如果你能坚持每天刷自己的碗，暑假就带你去旅游"。然而，过于遥远的奖励对孩子起不到持续有效的激励作用，不足以帮孩子战胜玩耍或偷懒的欲望。因此，"放长线钓大鱼"并不适用，对孩子来说，父母及时的肯定才是鼓励他们持续前进的动力。

即使只是微小的进步，也应该立即予以肯定。比如，孩子今天自己系了鞋带，作业写得更工整了，没有等父母叫就自己按时起床，等等，父母发现时就应立即表达欣赏和赞美。有可能在父母眼里这只是一件小事，做到是很理所当然的，觉得没什么值得表扬的。但对孩子而言，父母随口的一句赞美都可能成为他们的动力，会使他们记住这是正确的做法，在今后也努力做到。时间久了，好的习惯自然而然地就形成了。

父母也要分清哪些是孩子本来就能够做到的，哪些是他应该承担的责任，哪些则是他真正的进步。同时，不要将眼光只局限于孩子的学习方面，生活习惯、性格品德等其他方面的点滴进步也都应该给予鼓励和肯定。

在孩子取得进步时及时进行赞美，可以起到强化孩子这一行为的作用。作为父母，要学着发现孩子身上微小的闪光点，多点儿耐心和鼓励，及时恰当地赞美孩子，帮助孩子更好地成长。

非暴力沟通的语言方式

要想做到及时赞美，父母就要在生活中时刻关注孩子的动态，了解他的点滴进步。切忌今天的事拖到明天表扬，赞美是有时效性的，过了时效性，它的效果就会大打折扣。

一、及时肯定行为和结果

当孩子帮忙晾衣服时，父母可以这样说：

> "你是站在凳子上晾的衣服？你小脑袋瓜里的点子真不少，来，奖励你一个抱抱。"
>
> "洗衣机里的衣服都是你晾的？我差点儿忘了洗衣机里还有衣服，你可真是妈妈的好帮手！"

当孩子主动帮忙拿东西时，父母可以这样说：

> "这么多东西，要不是你帮忙，我一个人真拿不动呢。"
>
> "你力气比以前大多了，都能提动一个大西瓜了。"

如果孩子做到了，尤其是孩子自己想办法克服了一定的困难做到的，父母一定要及时给予描述性的肯定。既肯定孩子的行为，也肯定其结果，这会让孩子为自己能做到而感到自豪。

二、及时肯定态度和意愿

当孩子成绩不理想,但卷面很整洁时,父母可以这样说:

> "宝贝,虽然错了不少,但我看到了你认真的态度。你没有敷衍,这是很难得的。"
>
> "你写得很认真,没有因为不会就在卷子上胡写乱画。有时候,态度比能力更重要。"

当孩子考的分数比上次少时,父母可以这样说:

> "考前你复习得很认真,你准备了很多,但考试也有意外,偶尔一次没考好不代表什么。"
>
> "你说后面的大题没有时间写了,我想是因为你特别想考好,才在前面的题目上花费了那么多时间。"

即使结果不够好,也要肯定孩子做事的态度和意愿。很多时候,孩子做事的初心都是好的,只是做事的方法不够科学,或者出现其他意外,导致结果不够令人满意。如果父母只看结果,会打击孩子做事的积极性。肯定孩子做事的意愿和态度,孩子就不会气馁,而是会愿意更加努力地去改进。

赞美孩子要真诚，再忙也不敷衍

 情景展现

儿子："妈妈，你看我画的画好看吗？"

妈妈："好看！画得太棒了！"

儿子："真的好看吗？"

妈妈："真的好看！"

儿子："那你说说哪里好看。"

妈妈："都很好看哪！"

儿子："你根本没有仔细看。"

沟通解析

许多父母就像一台"AI设备",当听到孩子发出的诸如"我画的画好看吗""我写的字整齐吗""我折的小猫可不可爱"之类寻求反馈的问题时,总是下意识地开启"无脑夸"模式:"画得真好看!""写得太棒了!""真可爱!"……父母的回答往往脱口而出。但当孩子进一步询问"好在哪里"时,父母却说不出个一二三来,只能回答"哪里都好"。

如果孩子继续追问,父母就会觉得烦躁,很容易产生"我都夸你了,还要我说什么"的想法。其实很多时候,父母都忙于手中的事情,因此只是随便夸奖一句,希望能够尽快把孩子应付过去。

"敷衍式赞美"不但达不到赞美的效果,还可能让孩子产生自我怀疑,因为他并不知道自己做的好在哪里;也有可能造成孩子过度自信,因为父母总是"无脑夸",让孩子认为自己无论做什么都很好,进而变得狂妄自大。有些敏感的孩子能够察觉到父母夸奖时是在敷衍自己,这时他们心里容易产生一种消极的想法:父母并不爱我,我的存在没有价值。

"你真棒""你真聪明"等赞美的话语,其实是一种无效评价。因为它里面并没有包含任何信息,没告诉孩子他到底棒在哪儿,哪里做得对。这种盲目且敷衍的夸奖不能教孩子正确认知自己的能力,反而有可能对孩子造成伤害。

父母赞美孩子,应当做到真诚、走心、不敷衍。要想做到这一点,就要求父母无论多忙都要分出一两分钟的耐心来认真倾听孩子,静下心来欣赏孩子想要向父母分享或展示的成果,真正看到孩子的进步,发自内心地分享孩子的快乐,用心表达自己的赞美。

当父母实在想不出如何夸奖孩子时,也可以引导孩子自己分析,比如:"树叶的色彩和光影画得非常真实等,你是怎么调的颜色?"这样说既让孩子感受到父母的赞美和肯定,还能引导孩子进行自我思考,发现自己的优势。这样的赞美比一句简单的"你真棒"更能让孩子明确地认识到自己今后努力的方向,且清楚地知道自身的价值所在,还可以锻炼孩子自我反思进而不断进步的自省能力。

非暴力沟通的语言方式

父母夸奖孩子时不要局限于语言，也可以通过肢体的一些动作，比如亲吻、拥抱、微笑肯定的表情、摸摸孩子的头等方式来给孩子传达"父母为你感到高兴"这一感受。真诚且用心的夸奖能够让孩子从中获得不断前行的力量。

一、赞美细节，提出建议

当孩子问自己画得好不好看时，父母可以这样说：

> "我很喜欢你画的这棵树，看，你连叶片的脉络都画得这么清晰，像真的一样。"
>
> "你对颜色的选择把握得真好，看到这个黄澄澄的太阳，我仿佛像沐浴在真的阳光下一样，感到温暖。"

当孩子把自己练的字给父母看时，父母可以这样说：

> "'颜'字这么难写，你却写得结构很清晰，笔锋干净又漂亮。"
>
> "你的字体结构摆放得很好，如果字再稍稍放开一些，我想会更好看。你觉得呢？"

真诚的赞美要求父母有一双善于发现和欣赏细微之处的眼睛，赞美的地方越是细节，孩子越会感到父母的用心；同时，父母提出建议也可以让孩子更有动力。

二、引导孩子发现自身优点

当孩子给父母看自己写好的读书笔记时,父母可以这样说:

> "你的观点很新颖,让我大吃一惊!你是怎么产生这么有哲理的想法的?"
>
> "这本书你居然全部读完了!平时作业那么多,你是怎么挤出时间来读书的?"

当孩子向父母展示全优的作业时,父母可以这样说:

> "你没让我帮你检查作业,自己就写得这么好。你写完后是如何检查的呢?"
>
> "我记得这个题型你以前很不会做,能告诉我你是怎么攻克它的吗?"

父母想不出该如何赞美孩子时,可以引导孩子自己进行思考,让他主动说出自己为了做好这件事付出了哪些努力。在回顾的过程中,孩子会发现自身的优势或优点,并会因为父母的赞美将它们强化。

创造机会，让孩子发现闪光的自己

 情景展现

老师反映小刚过于多动，上课时经常影响其他同学。爸爸回来对小刚说："老师说你很有活力，身手灵敏，希望你能报名参加下周的运动会，为班集体争光。"

小刚听了这话立刻眼睛一亮，连连保证一定要取得好成绩。

那天之后，小刚在课上的小动作变少了，体育课和午休都抓紧时间在练习，果然在运动会上取得了好成绩，得到了老师和同学的表扬与赞赏。

每个孩子身上都存在着独一无二的闪光点,即使是成绩差的孩子也不例外,全看父母是否善于发现它。要知道,没有孩子可以做到十全十美,就连作为父母的成年人也存在着各种各样的缺点和瑕疵,又怎么能够要求孩子做到完美呢?所以,父母应该肯定孩子的独特性,学会发现孩子身上闪光的部分,做到用发展的眼光看待孩子。

尤其是对于学习成绩不理想的孩子,父母更要学会为孩子创造展示的机会,让孩子通过在自己感兴趣或擅长的领域有所表现甚至做出成绩来获得成就感,建立自信。通过认识到自己身上存在的闪光点而产生的自我认同,对孩子日常的学习和生活能够起到帮助和促进的作用。自我认同感的提升会使孩子认可自身的价值,从而变得更愿意去学习和接受新事物。正如著名教育理论家苏霍姆林斯基所说:"成功的快乐是一种巨大的情绪力量,它可以促进儿童好好学习的愿望。"

父母要独具慧眼,发现孩子身上的闪光点,对孩子的兴趣抱支持的态度,鼓励孩子去尝试。哪怕这个兴趣在父母看来很无用,父母也千万不要泼冷水,那很可能是孩子某一天赋的萌芽阶段。注重培养孩子的每一种可能,创造足够的机会和条件,才有可能让孩子的天赋得到真正的发展。

有时,父母没有刻意培养孩子,却"无心插柳柳成荫"。例如,孩子从小喜欢搭积木,父母在他稍大一点儿时给他买了乐高。孩子通过玩乐高锻炼了动手能力和根据图纸构建空间模型的能力,从而对建筑产生兴趣,最终发奋学习,决定考取名校的建筑专业,学习自己所热爱的建筑设计。

毋庸置疑,即使是学习成绩差的孩子,也有可能在发现自己的闪光点和兴趣所在之后发奋转变,最终取得成功。

非暴力沟通的语言方式

父母的赏识能够给予孩子无尽的勇气和力量。面对难以管教的孩子，父母不妨从他感兴趣的方面入手，给他展示自我的机会。

一、鼓励展示自我

孩子总是长时间玩电脑，父母可以这样说：

> "你们班最近新换了座位，你的excel用得那么熟练，我觉得你可以帮助班级做一张座位表。"
>
> "你们这学期的黑板报需要一些艺术字来做标题，老师听我说你很擅长电脑，所以想请你帮帮忙，可以吗？"

当得知孩子班里要举行朗读比赛时，父母可以这样说：

> "老师告诉我，你的声音很好听，而且很有感情。他认为你很适合朗诵，让我问问你有没有兴趣参加班里的朗诵比赛。"
>
> "你平时朗读课文的声音都很好听，如果你再练习练习，一定能让同学们感到惊艳。"

孩子的优缺点有时就像硬币的正反两面，父母换个角度思考兴许能有意外的收获。父母可以在恰当的时机给孩子提出建议，帮助孩子合理地展现他们的"闪光点"。

二、赞美意想不到的地方

孩子成绩不好,但喜欢捣鼓各种东西,父母可以这样说:

> "你这个集成电路板做得太好了。我觉得以你的动手能力,完全可以参加学校组织的创意比赛。"
>
> "你想不想参加机器人大赛?我认为你可以去尝试一下。"

当孩子被同学嘲笑唱歌跑调时,父母可以这样说:

> "爱嘲笑别人的小孩可不是好孩子。再说,唱歌好听的孩子也有不会的,比如不会做咖喱饭,不会烤饼干,这些你都会呀!"
>
> "唱歌好听是优点,写字好看也是优点。你唱歌不好听,但你写字漂亮,一样值得自豪。"

当孩子在别人眼里不够优秀,孩子也自认为不够好时,父母可以通过夸奖孩子那些不被大多数人在意的优点,帮孩子重拾自信。

描述事实,赞美越具体才越有效

 情景展现

小宝:"妈妈,你看!我自己收拾的房间,干净吗?"

妈妈:"真干净!小宝都会自己收拾屋子了,真是长大了,懂事了!"

小雪:"妈妈,你快来看我收拾的房间。"

妈妈:"嗯,我看见你把被子叠得很整齐,书都放回了书架,地擦得很干净,连一根头发丝都没有。一进到你的房间,就感觉很舒服。"

如果你是前述情景中的孩子，听到两位妈妈不同的夸奖，你会有怎样的感受？你认为哪个孩子会更高兴、更愿意用劳动去维护自己房间的日常整洁呢？

《怎么说，孩子才会听；怎么听，孩子才肯说》一书的作者阿黛尔·法伯和伊莱恩·玛兹丽施指出，父母们常用的日常赞美方式有两种，即评论性赞美和描述性赞美，其中后者常常比前者更有效用。

评论性的赞美，是对一个人的整体进行"下定义"式的赞美，往往会让人觉得空洞乏味；而描述性的赞美则是具体的，通过对某件事的过程和细节的描述进行的赞美，能够给人更加真诚的感觉。同时，用具体事例来赞美孩子，可以让孩子感受到父母"就事论事""对事不对人"的公正客观的态度。

"你真棒""真是个好孩子""你真厉害"之类空泛笼统的点评性话语，听上去更像是在敷衍，往往起不到鼓励的作用，还可能使孩子产生"审美疲劳"，导致夸与不夸没有区别的情况出现。相反，如果描述的是具体过程。事实上，夸奖越具体越有效。

儿童心理学家海姆·吉诺特博士认为，有益的赞美由两个方面衡量，即成人用赞赏的语气描述他所看到的和他所感受到的。孩子听到这样的描述以后，就能够赞赏自己。

如果孩子从你的赞美中感受不到你的诚意和真心，不能产生自我认同的感受，这个赞美就很"鸡肋"了。时间长了，孩子还会觉得你很敷衍而不再信任你。评论性赞美中的"你真棒""你真会……""不错""真美""太妙了"很容易导致这种结果。

所以，父母在夸奖孩子时，应尽量描述事实本身。比如，孩子画了一幅画，父母说："你画了一个月亮，月亮照耀着一条小河。哦！小河上还有一条船。船上坐着的是个小人吗？他在船上做什么呢，是在钓鱼吗？"这样的描述会让孩子觉得父母在认真地"欣赏"自己的劳动成果，那是对自己努力的一种肯定。这样一来，孩子会更乐意与父母进行探讨，更有动力去继续做这件事，也能够由此知道正确的方向,培养做事严谨认真的态度,建立自信心。

非暴力沟通的语言方式

父母可以将夸奖的原因和鼓励的话语放在一起说,也可以通过描述事实来引导孩子自己说出哪里做得好。

一、描述具体行为

当孩子吃完饭,主动帮忙收拾碗筷时,父母可以这样说:

> "吃得真干净,碗里一粒米都没有剩。你真是节约粮食的好孩子!"
> "你不仅把饭吃光了,还帮忙把碗筷放进了水槽,做得真不错!"

当孩子帮忙跑腿拿东西时,父母可以这样说:

> "你主动下楼帮妈妈拿快递,还懂得跟快递叔叔说谢谢,真有礼貌!"
> "多亏你帮我拿来了复印的材料,我才能顺利地完成工作。谢谢你!"

先说原因,即孩子干了什么,然后再进行夸奖,让孩子明白"是因为我做了……所以我被夸了",可以帮助他们了解做什么是对的、被鼓励的。

二、复述别人描述的细节

当孩子在学校帮助同学,获得老师的夸奖时,父母可以这样说:

> "老师今天说,午休的时候,你把小朋友踢掉的被子盖好,动作轻轻的,还怕把他吵醒。你太体贴了!"
>
> "听说今天体育课上,有同学摔倒,膝盖磕破了,是你把他送到了医务室?"

当孩子在老家帮了很多忙,被爷爷奶奶夸奖时,父母可以这样说:

> "奶奶说,你怕奶奶腰疼,帮奶奶洗菜、洗碗、拖地,做了很多事,奶奶很开心。"
>
> "爷爷说,他眼睛看不清药品的说明书,是你主动帮他念的。你真懂事!"

转述别人的赞美,本来就比直接赞美听起来更可信。如果再加上细节,听起来效果就会更好。不管是谁,亲戚、邻居、朋友,哪怕是陌生人赞美孩子,父母都可以转述给孩子听。

如何在别人面前夸奖孩子

 情景展现

小磊和小文给小丽过生日,三位妈妈在一旁聊天。

小磊妈妈:"看你家小文多懂事,知道主动给大家分蛋糕。"

小文妈妈:"他就是在外人面前才懂事,在家可不这样,从来不帮我做家务。"

小磊妈妈:"孩子都这样,在外想表现,回家就原形毕露。"

小丽妈妈:"你们别谦虚了,我觉得我家小丽就挺好的。我下班回到家,她总是主动给我倒水,还会给我捶肩呢。"

小丽听见妈妈的话,心里甜滋滋的。

沟通解析

有些父母过于"谦虚",甚至在别人夸奖自己孩子时都下意识地否认,哪怕孩子在家其实表现很好,也要谦虚地否认,否则就是"炫耀"。其实不然,孩子不懂大人是在"自谦",他只会单纯地以为父母认为他"没那么懂事""在外面懂礼貌都是装的""在家很笨"……对于孩子来说,父母的言行是最重要的参照物,他会认为父母说的是真的,从而产生自我认知的混乱。当他们习惯了父母在别人面前的"自谦",就会认定自己就是那样:我一无是处,比不上其他孩子。

著名社会心理学家马斯洛在他的需求层次理论中提出,人人都有被尊重的需要,孩子也不例外。特别是在外人面前,孩子的自尊感会尤为强烈。孩子对自我尚未形成完整的评价时,父母的赏识与鼓励可以帮助孩子实现良好的自我认同。当父母在外人面前夸奖自己孩子的时候,可以让孩子充分感受到父母对他的尊重、欣赏和重视,从而使孩子变得更上进、更有自信,激发他努力上进的动力。

但父母也要注意,在别人面前夸奖孩子要态度真诚、适可而止。过度地吹嘘和夸大自己孩子的优点,会给人炫耀的感觉。比如,有些父母喜欢让孩子展示特长或表演节目,以此来收获众人的赞美与夸奖。长此以往,孩子有可能会形成爱慕虚荣、骄傲自满的性格。

有心理学家认为,孩子经常被当众过度表扬,很容易产生自恋的心理,因为并非所有大人都可以做到有分寸地夸奖孩子。尤其是当外人夸奖孩子时,更容易夸大对孩子的评价,导致孩子对自我的认知出现偏差,从而变得自命不凡。

此外,心理学家还提出,过度的当众赞美会导致孩子心理压力过大。比如,"妈妈夸我听话懂事,如果我不这样做是不是就不是听话的好孩子了?"这会让孩子认为自己必须一直保持这样才能获得父母的认可,但他们本身未必有强大的意志品质能够保证这一点。孩子长期勉强自己,只会造成心理压力过大最终全面崩溃的结果。

有一个性格比较内向的孩子,喜欢安静独处,不喜社交。他的父母却总是在外人面前夸赞他开朗外向,待人热情。父母的本意是希望他能够成为这样的人,可这样的期望带给他巨大的心理压力。这令他感到很痛苦：一方面迫于父母的夸奖，他不得不去进行自己不喜欢的社交活动；另一方面这有违他的内心，导致他每天都在自我斗争，精神状态非常差。

所以父母应注意，在别人面前夸奖孩子也要讲究尺度，避免夸奖过度而导致的反作用。

非暴力沟通的语言方式

父母可以在别人面前用言语夸奖孩子，也可以时常将孩子的作品或成绩展示给别人欣赏，通过自己和别人对孩子的肯定，激发孩子的进取心。

一、描述孩子当众的表现

当孩子因内向不爱跟别人打招呼时，父母可以这样说：

> "我儿子比较腼腆，特别坐得住。昨天家里来客人，他就自己在房间里安静地看了两个小时书，不吵不闹的，特别乖。"
>
> "我家孩子虽然不爱说话，但是很懂事，来了客人他会主动倒水沏茶。"

当孩子在聚餐时把饭吃得很干净时，父母可以这样说：

> "我女儿吃饭很少浪费，总是能吃光。小时候教她的'谁知盘中餐，粒粒皆辛苦'，她到现在都记得呢。"

"我家孩子这点特别让人省心，吃饭基本不用我们监督，特别懂得珍惜粮食。"

当众夸奖自己孩子时可以列举具体事例，注意不要言过其实，虽是夸奖，语气也应谦虚礼貌，避免给人留下炫耀的印象。

二、在别人夸奖孩子时予以肯定

当老师夸奖孩子热爱劳动时，父母可以这样说：

"这确实是他的优点，他每天起床都是自己叠好被子，吃完饭，碗也都是自己刷。"

"他在家也喜欢干活儿，经常帮我们扫地、擦桌子。"

当亲戚夸奖孩子获奖的证书时，父母可以这样说：

"为了竞选'三好学生'，他还准备了一段演讲，自己写的词，写得还挺好！"

"孩子从小就喜欢跳舞，比赛前，天天练，挺辛苦的。"

父母的态度会感染孩子。父母面对他人对孩子表示出肯定、自豪、喜悦的情绪时，孩子的自信心和长处都会得到提高和发展，而且更有要把事情做好、努力学习的愿望。

夸大宝，二宝嫉妒怎么办

 情景展现

兄弟一起大扫除，哥哥说："妈妈，你看我把玻璃擦干净了吗？"

妈妈："哥哥擦的玻璃真干净，连人影都能清楚地映出来呢。"

哥哥很高兴，弟弟却把抹布一扔，大喊："我不干了！"

妈妈惊讶地问："怎么啦宝贝？"

弟弟哭了起来："你只表扬哥哥，明明我擦得也很干净啊！"

 沟通解析

自私、嫉妒,这些根植于人性深处的东西普遍地存在于我们每一个人身上,孩子也不例外。现在的许多家庭都有两个孩子,父母常常会遇到这种情况:夸奖其中一个孩子,结果引起了另一个孩子的嫉妒。

其实,不光是二孩家庭,就算是孩子和同学之间,也很容易出现双方家长谈话时夸奖其中一个引得另一个嫉妒的现象。比如,父母夸奖朋友家的孩子乖巧懂事,对自己的孩子却很不满,就会引起自己孩子的不满甚至嫉妒。站在父母的角度,觉得夸奖一下别人家的孩子是礼貌,对自己的孩子管教严厉点儿理所当然,但孩子感受到的只有父母的不满。

有调查研究发现,当姐妹俩同时在店里挑选衣服时,如果只夸赞其中的一位穿着合适、漂亮,那么另一位会因此而产生消极心理。这种微妙的情绪其实就是通过对比产生的嫉妒,特别是姐妹之间的关系越好,这种情绪就会越强烈。这种现象反而会影响营业收入,所以被销售行业视为大忌。同样的嫉妒心理也适用于儿童群体,不论是关系多么亲密的兄弟姐妹、同学朋友,都一样。只夸奖一个孩子而忽略另一个,就与上述调查中的店员犯了相同的错误。

如果父母只夸奖一个孩子,那么另一个孩子很可能会在嫉妒心理的驱使下做出一些"坏事",比如抢他人的玩具、排挤他人、不和他玩等。时间久了,孩子的人际关系、心理健康都会因此受到危害。

 非暴力沟通的语言方式

父母可以通过"夸奖所有孩子"和"让孩子们分享功劳"两种方式来避免只夸奖一个孩子造成另一个孩子产生嫉妒心理的情况。注意不要将孩子放在一起比较,夸奖应公正合理、一视同仁。

一、夸奖所有孩子

当孩子们在跳绳,一个跳得又多又快而另一个跳得很慢时,父母可以这样说:

> "姐姐跳得又快又好,妹妹跳得比上次有进步多了,你们俩都是好样的!"
>
> "你们练习跳绳时都很认真,姐姐还教了妹妹一些小技巧,妹妹也虚心向姐姐请教,这样下去你们俩一定会一起进步的。"

当带着孩子们逛超市时,其中一个孩子表现得很好时,父母可以这样说:

> "妹妹今天真乖,知道在超市里要跟好妈妈不乱跑,哥哥表现得也很好,帮妈妈推了购物车。"
>
> "笑笑真懂事,不乱要东西,弟弟也是,知道笑笑喜欢吃这个所以拿给她,你们两个都让我感到骄傲。"

父母要注意的是,夸奖不同孩子的点可以不一样,但一定要把每个人都夸到。在夸一个孩子的同时也认可其他孩子,哪怕只是某个方面的细微之处也可以拿出来夸,这样可以有效防止"只夸奖一个孩子"造成的负面影响。

二、让孩子们分享功劳

当孩子和同学代表学校参加比赛获奖时,父母可以这样说:

> "我看了你们的表演,你的朗诵非常有感情,你的同学衔接得也十分流畅连贯。你们太棒了!"
>
> "能够拿到这个奖,多亏了你们这些日子的辛苦练习和默契配合。军功章你们一人一半。"

当弟弟和哥哥一起整理房间时,父母可以这样说:

> "地是哥哥拖的,桌子和沙发是你收拾的;饭是哥哥做的,碗和餐桌是你收拾的。你们俩合作把家收拾得真干净!"
>
> "你们俩用烟盒制作的小飞机太帅了!翅膀是哥哥做的,飞机尾巴是妹妹粘的,我真为你们感到自豪。"

将成功的功劳均分给每个孩子,让孩子们感受到父母一视同仁的爱和关注,有助于加深孩子们之间的感情,加强他们的合作意识,还可以避免其中一个孩子产生嫉妒心理。

教育就是一个慢慢放手的过程，别什么都替孩子操心，什么都替孩子去做。让孩子学着自己做决定，学着自己解决问题，学着自己的事自己做，学着自主管理自己……这样他们在离开父母的庇护后，才有能力掌控自己的生活，做自己生活的主人。

Part 5 有效鼓励孩子自立

保持边界感,让孩子更独立

 情景展现

小海:"妈妈,你是不是偷看了我的日记?"

妈妈:"怎么能叫偷看?我这是关心你的成长。"

小海:"未经我允许看我的日记,就叫偷看!"

妈妈:"我生你养你,供你吃供你穿,看你个日记怎么了?"

小海:"你们总是替我做决定,不管我同不同意,我讨厌你们!"

沟通解析

当发现孩子开始写日记，不少父母就开始和孩子"斗智斗勇"，只为了一窥究竟，以防孩子走上弯路。可是，"没有秘密，孩子就不会长大"，孩子也享有隐私权。在心理学上，这被称为"边界意识"。

在家庭中，父母和孩子都应该有清晰的边界意识。尤其是父母，要对孩子的隐私给予足够的尊重，允许孩子在不触犯底线的前提下拥有一定的决定权，以培养他们独立的生活习惯和自立自强的良好品格。如果父母在管教孩子时常常越界，会导致孩子在成长过程中失去边界意识，或边界意识模糊。长期如此，孩子还会逐渐丧失自主权，身心受到压抑甚至想要逃离家庭。

父母可以从四个方面入手，培养孩子的边界意识以及独立能力：地理边界——让孩子打扫自己的房间；身体边界——不以暴力手段管教孩子，教孩子"任何人都没有权利侵犯你的身体"；心理边界——给孩子需要的私密空间；财产边界——给孩子锻炼自我理财能力的机会，必要时加以指导。

非暴力沟通的语言方式

建立清晰的边界，需要父母以身作则，不能朝令夕改或采用双重标准。

一、尊重孩子独立的决定

当孩子想改变自己屋内的家具摆放时，父母可以这样说：

> "你的书桌是你自己学习用的，怎么摆，都听你的。"
> "你想把那个小柜子挪出去？嗯，挪出去显得宽敞多了，舒服多了。"

当别的小朋友希望分享孩子的玩具时，父母可以这样说：

> "小朋友想拍拍你的球，你同意吗？"
> "你的滑板车，小朋友想要滑一会儿。你愿意借给他吗？"

孩子有什么新想法，只要不过分，父母都应该给予支持。尊重孩子的决定，不强迫分享，也不诱导分享，让孩子真正自己做主。

二、允许孩子拥有小秘密

当发现孩子遮遮掩掩地写日记时，父母可以这样说：

> "这是你的隐私，没有经过你的允许，我们绝不会偷看。"

当孩子提出父母进入自己的房间要敲门时，父母可以这样说：

> "咱们定一条规矩，进入彼此的卧室前要先敲门，大家都要遵守。"
> "我先敲门，你说可以进我才会进。你来我们房间也一样，行吗？"

父母在这一点上要注意言行一致，为孩子树立好的榜样，同时和孩子互相监督，形成良好的家庭氛围。

哪些事情需要给孩子自主权

情景展现

小米:"妈妈,我今天想穿短裤上学。"

妈妈:"不行,还没到穿短裤的季节呢。"

小米:"可是昨天同学们就都穿短裤了,只有我还穿长裤。"

妈妈:"乖,让你穿长裤是为你好。"

小米哭闹起来:"我就要穿短裤!"

妈妈:"你这孩子怎么这么不听话!"

沟通解析

父母总是觉得孩子凡事都没有经验，不知道怎么做才是正确的，认为自己替孩子拿主意、做决定都是为了孩子好，是爱的表现。因此，小到吃饭穿衣，大到升学志愿，父母们恨不得面面俱到地全都替孩子拿主意。可是对孩子来说，这实际上是父母以爱为名的一种控制。在父母的控制中成长起来的孩子会变得没有主见，独立能力较弱，遇到问题时习惯性地将一切都推给父母。

著名的发展心理学家埃里克森将正常人的一生，从婴儿期到成人晚期，分为8个发展阶段。其中，前四个阶段为童年阶段。他指出，儿童在1岁半到3岁期间就已经开始发展自主感了。孩子在这一阶段开始反抗父母，希望能自己做决定。随着年龄的增长，当孩子有了一定的规则意识，他们渴望拥有自主决定权的意识会越来越强烈，甚至因此反抗父母。

对于孩子来说，穿长裤还是短裤其实并不重要，重要的是通过决定自己穿什么衣服，可以获得自我的掌控感。这时，父母的角色应该是"顾问"。也就是说，父母可以引导孩子如何去做，但不能替他们做决定。父母总是替孩子做决定，在剥夺孩子自主选择权的同时也剥夺了他们经历失败、从失败中吸取经验教训而获得成长的机会。

我们的日常生活由各种各样的选择构成，让孩子自己做主去进行选择，能够有效地培养孩子的掌控感。而且，孩子自己决定的事情，做起来会更加认真。更重要的是，放手让孩子去决定并承担决定的后果，有助于培养孩子的责任感。

父母不愿意放手的原因，无非是不相信孩子有做决定的能力。自主做决定的能力也需要锻炼，只有通过真正的实践，孩子才能学会如何做出更好、更合适的决定。通过自主决定权得来的掌控感可以让孩子变得更加自信，还可以提高其独立思考的能力。

著名的教育家威廉·斯蒂克斯洛德博士和奈德·约翰逊在《自驱式成长》一书中提到："最好的成长是自我成长，最好的控制是自我控制。"把控制权交给孩子，是孩子走向独立自主的开始。

 **非暴力沟通的语言方式**

父母首先要克制自己的控制欲,将决定权真正交还给孩子。遇到需要做选择的事情时,不妨先问一问孩子的想法。

一、提供选项,让孩子自己决定

当孩子想要喝饮料时,父母可以这样说:

> "你想要喝牛奶还是果汁,果汁的话是橙汁还是桃汁?"
> "你想喝多少牛奶,半杯还是一杯,想喝纯牛奶还是奶粉?"

当孩子想要听睡前故事时,父母可以这样说:

> "你自己决定是现在听完睡前故事立刻睡觉,还是过15分钟,我去你的房间里给你讲。"
> "你可以在客厅里听故事,然后回屋睡觉,也可以先去洗澡,然后在床上等我。"

当孩子年龄较小,不能完全自主地决定具体细节时,父母可以通过提供选项的方式给他们一定的方向和选择空间,协助他们做决定。

二、引导孩子做决定，而非替他做

当孩子的头发长了时，父母可以这样说：

> "你的头发长长了，我觉得最好买个发卡，但我想听听你的想法。"
>
> "宝贝，你可能需要剪头发了，你自己决定剪不剪。如果不剪，你看要不要扎起来？"

当孩子想自己过马路时，父母可以这样说：

> "你当然可以自己过马路，只要你能保证自己会看红绿灯。"
>
> "我认为你可以，只是我还是很担心你的安全。你能帮我想一个让我放心的方法吗？"

父母可以适当地加以引导，但要记住做出决定的主体应是孩子自己。父母要把控好自己的"参与度"。

启发式问题，鼓励孩子主动思考

 情景展现

妈妈："数学要多刷题，你把错题反复多做几遍。"

小华："我已经做过了！"

妈妈："给你报了'一对一'，你再多用点儿心复习一下？"

小华："我还有语文、英语要学，不能整天光做数学题呀！"

 沟通解析

孩子遇到困难时,父母总是想帮忙解决,或是希望自己提出解决方案,孩子就立刻照办,但往往事与愿违。许多父母会发现孩子对自己出谋划策的好意并不"领情",反而十分抗拒。

面对油盐不进的孩子,父母最终只得动用恐吓威胁的"杀手锏",诸如"再考不好你就没学上了""再吵架就罚你俩去门外站着"等。这样的方式不仅无法解决问题,还会打击孩子的自信,甚至起到反作用。

面对这种情况,父母不妨思考一下:为什么孩子会如此抗拒?父母提出"你得多做题""你再复习复习",其实是在给孩子传递一种"不信任"的暗示。孩子对这种从父母的话语和态度间流露出来的信息非常敏感,当他察觉到父母话语背后的暗示时,自然会反感、抵触,也就不会去关注自己应如何改进了。

父母要想正确引导孩子,可以运用启发式提问的方式,让孩子自己想出合理的解决办法。

启发式提问,即通过询问的方式启发孩子自行思考,而不是直接告诉或命令孩子应该怎样做。用这种方式既可以向孩子传达父母对他的信任,又可以锻炼孩子独立思考和解决问题的能力。

心理学家维果茨基提出了"最近发展区"的理论,该理论认为儿童的发展有两种水平:一是现有的水平,即儿童能够达到的运用已有能力独立解决问题的水平;二是儿童通过父母或更有经验的伙伴的帮助可能达到的潜在的发展水平,也就是发展的潜力。所谓"区",就是儿童单独活动时的表现,和儿童与成人一同活动,或与成人或更有经验的同伴一同活动时的表现之间的差异。在"最近发展区"内,儿童的发展主要通过与成人的交往来实现,启发式提问就是其中一种实用的教育方法。

父母运用启发式提问,可以调动孩子的积极性,培养其创造性,使其发挥自我潜能,锻炼独立解决问题的能力。孩子通过父母的正向引导发展个人能力,直到超过"最近发展区",达到下一阶段的发展水平。

启发式提问需要父母发自内心地信任自己的孩子,相信他能够自己找到合适的解决方案。当孩子通过自己的思考找到方法时,他会更愿意去运用该方法进行探索,发现不足也会自己想办法纠正或补充,因为这是他自己想出来的。

 **非暴力沟通的语言方式**

父母要把命令、指责或威胁性的言语转化为启发式的提问,通过好奇、平和的语言来向孩子传达"我相信你能找到解决方法"的态度。

一、启发孩子思考解决方法

当孩子的数学成绩总是上不去时,父母可以这样说:

> "你觉得怎样才能把数学学好呢?"
>
> "要学习的科目很多,但你希望能提高数学成绩,那么怎么做才能达到目的呢?"

当孩子的作业写得很乱时,父母可以这样说:

> "反复涂改会使卷面显得脏乱,你觉得怎样才能改进这一点呢?"
>
> "这一页字写得不够整齐,怎么才能把它写得又整齐又好呢?"

遇到问题时,父母要克制自己习惯性地斥责,保持耐心和好奇心去观察孩子由问题引发的思考和下一步的举动,并及时给予引导。

二、给孩子时间去解决

当两个孩子抢着看电视,互不相让时,父母可以这样说:

> "电视只有一台,只能播一个节目。我先把电视关掉,你们商量好了,我再开。"
>
> "我不希望看到你俩因为看电视吵架。你们如果能在5分钟内商量好,我就把遥控器给你们。"

当孩子与弟弟妹妹玩耍,发生争执时,父母可以这样说:

> "先搞清楚到底发生了什么,是谁的责任。现在,给你们10分钟。我希望你们能够用和平的方式解决问题。"
>
> "都冷静一下,我相信你们有能力处理好这件事。我现在有事离开一会儿,希望我回来的时候,你们已经解决好了。"

表现出对孩子足够的信任,让孩子自己去想该怎么办,孩子们会各自想出办法,最后一定能得到双方都满意的结果。当然了,这样做还能让孩子们学会互相理解。

从小培养孩子做家务的能力

 情景展现

班级组织值日,被分配去拖地的小敏找到老师说:"老师,我不会拖地,能不能换一项任务?"

老师:"那你去扫地可以吗?"

小敏:"扫地我也不会。"

老师:"那倒垃圾你总会吧?"

小敏涨红了脸,无言以对。

老师非常诧异:"你在家里从来没做过家务吗?"

小敏:"妈妈说我好好学习就行,不用管这些。"

有一项很有趣的调查表明，目前我国城市家庭的独生子女中，有10%的孩子从来不做家务，有47%的孩子平均每天只进行1到10分钟的劳动。其实不仅城市孩子，就连农村孩子现在做家务的也越来越少，于是出现了许多连自己的衣服和袜子都不会洗，甚至只能打包寄回家让父母洗的大学生。父母在孩子小的时候不愿让家务活儿耽误其学习的时间，导致了孩子长大后自理能力极差，离开了父母就不知该怎么办。

父母不愿意孩子做家务的原因通常是心疼孩子，觉得孩子上学已经很累了，学习压力那么大，家务活儿就不需要孩子操心了。结果，每当学校组织大扫除，许多家长都开始担心："擦玻璃爬得太高，摔下来怎么办？""沾了凉水会不会着凉感冒啊？""在家都不舍得让孩子干活儿，在学校他也扫不干净地啊。"于是，有些家长就向老师要求，不要给自己孩子分配劳动任务。

更有父母认为，孩子的任务就是学习，担心做家务会影响孩子的学习。他们要么把家务全部包办，连叠被子、洗袜子都帮孩子做了，或者干脆请保姆或买扫地机器人来做家务。事实上，做家务能促进孩子主动学习，提升成绩。中国教育科学研究院调查发现，爱做家务的孩子比不爱做家务的孩子成绩更优秀。教育学家苏霍姆林斯基曾说："在学校工作的十几年经验使我相信，劳动在智育中起着极其重要的作用。"

哈佛大学曾做过一项跟踪调查，结果发现，成功的人往往拥有很强的自立能力，且都是从小时候就能够独立完成各种琐碎的家庭事务开始的，比如帮父母买东西、整理房间、收拾床铺等。

还有父母不愿孩子帮忙，是认为孩子年龄尚小，帮忙也是"帮倒忙"，还不如不帮。因此，在孩子主动提出帮忙洗碗、刷杯子、倒水时，他们往往急忙制止。可事实上，这是对孩子的不信任，是对他们学习能力的一种否定。这样做，虽然可以减少麻烦，但是会扼杀孩子的积极性。孩子长期听父母说"这个你不会""你还太小，不能做这个"，会产生自我怀疑，做什么事情都会认为自己无法胜任，变得越来越没有自信。

因为怕孩子耽误学习，或者觉得孩子干不好就拒绝帮忙等，这都是管教孩子的误区。有研究发现，三四岁就开始帮家里干家务的孩子，长大后会变得更加自信和自律，拥有更好的人际关系，也更容易在事业上做出成绩。即便不考虑那么长远，从眼前看，让孩子做家务也有很大的益处。比如，孩子参与了让家庭环境变得整洁的过程，会更注意维护自己的劳动成果。

更重要的是，通过做家务培养孩子的责任心，锻炼孩子的自理能力，有助于孩子成长为独立自主、自立自强的人。

非暴力沟通的语言方式

父母应该从小就培养孩子做家务的能力，在日常生活中进行正确引导。

一、对孩子的劳动成果给予鼓励

当孩子帮忙在饭前擦干净桌子，摆好碗筷时，父母可以这样说：

> "我正要去拿筷子呢，发现你已经帮我摆好了，谢谢宝贝！"
> "多亏有你帮忙，我们可以提前开饭了。"

当孩子帮忙择菜、洗菜时，父母可以这样说：

> "你学得真快！我只是稍微指导了两句，你就会了，而且择得又快又干净。"

> "有了你帮忙,做饭的速度也变快了。现在我们可以把你洗好的菜下锅啦!"

对孩子的劳动成果要给予肯定和鼓励,就算刚开始做不好,也不要抢过来替他做。只有给孩子机会去锻炼,他做家务的能力才能得到提升。

二、教孩子正确做家务的方法

当孩子想要帮忙洗杯子,却失手将杯子打碎时,父母可以这样说:

> "没关系的,我们用笤帚来清理一下,以免割破手。"
> "下次把杯子抓紧一点儿就更好了。"

当孩子帮忙扫地,却没有扫干净时,父母可以这样说:

> "你看,这里刚才没有扫到。你从阳台那里挨着往这边扫就好了。"
> "餐桌下有洒的菜汤,粘上灰就扫不掉,得拿湿布擦一下。"

孩子有时候不能完全胜任家务,甚至会搞砸,父母可以教孩子正确的方法去避免失误,以便他们下一次做好自己想做的事。如果父母只顾批评,孩子很有可能会认为自己太笨,从而渐渐地不敢再主动帮忙。

正确鼓励，锻炼孩子的胆量

 情景展现

　　小宇坐在滑梯顶端，不敢往下滑，妈妈站在下面鼓励他："快呀，快滑下来！"

　　小宇："妈妈，我害怕。"

　　妈妈："有什么好怕的？你看别的小朋友都滑下来了，你也可以。"

　　小宇："不，我还是害怕。"

　　妈妈："你是男子汉，勇敢一点儿！快滑呀！"

　　小宇哭了起来："我不想玩了，我想回家。"

　　妈妈生气道："你一个男孩子，怎么这么胆小？！"

沟通解析

很多孩子在接触新事物时，既好奇又害怕，以至于会表现得十分畏缩。这时，有的父母会说："别人都行，怎么就你胆小？""你能做到的，别做胆小鬼！"父母本想激励孩子，却事与愿违，让孩子更加胆小，甚至怀疑自己的能力。得不到积极的反馈，自卑感就会萌生，孩子更加不敢去尝试，最终形成恶性循环。

孩子需要的是父母的安慰和鼓励，而不是被斥责为"胆小鬼"。那么，不打击孩子，而是一味地鼓励呢？盲目鼓励也是不对的。比如，孩子想要放弃时，父母却一直说"试试，你一定行""你很勇敢"。这时，孩子可能会因为害怕令你失望而畏缩不前。为了鼓励孩子，说"做到了就给你买玩具"，这样也不好。孩子如果成功了还好，如果失败了，不仅自尊心受损，还会因为得不到奖励而伤心。

其实，在孩子面对挑战犹豫不决时，父母在旁边静观其变，就是对孩子最恰当的帮助了。通过挑战认识自己，并产生勇气，是孩子成长的必由之路。

非暴力沟通的语言方式

父母应注意从小给孩子锻炼的机会，让孩子多与外界接触、与人交流。

一、给孩子一点儿接受和适应时间

当孩子害怕滑滑梯时，父母可以这样说：

> "我理解你的心情，我小时候第一次滑滑梯时也一样又害怕又兴奋。如果你暂时不敢滑，我们休息一会儿再来怎么样？"

当孩子想要接近小狗又害怕被咬时，父母可以这样说：

> "宝贝，狗狗是人类的好朋友。你看，我可以这样摸它。"
> "它不会伤害你，你害怕我们就绕开点儿，就站在这里看它好吗？"

当孩子害怕某个事物时，父母不要强迫他立刻去尝试，应当给孩子一点儿时间去接受和适应，但也不要立刻放弃，而要有耐心地多鼓励孩子几次。

二、为孩子创造锻炼的机会

当孩子和家人在餐厅聚餐时，父母可以这样说：

> "开水喝完了，可以请你帮我去找服务员来加点吗？"
> "我们没有喝汤的勺子，你能去找点餐的小姐姐要一个勺子吗？"

当孩子在店里想要买糖果时，父母可以这样说：

> "我不太懂这些糖果的区别和价格，你可以去问问店主吗？"

给孩子创造机会，在日常生活中的细节和小事上接触外界的人和事，展示自己，开阔眼界，有助于提升孩子的交流能力和自信，让孩子变得勇于尝试。

如何让孩子为自己的错误负责

 情景展现

妈妈:"我发现我的那瓶保湿乳被打碎了,是不是你干的?"

儿子:"不是我干的,是小狗弄的。"

妈妈:"可整个上午只有你进过我的房间。"

儿子:"真的不是我干的!"

爸爸:"你还不说实话,是不是想挨揍?"

儿子哇的一声哭了起来:"我真的不是故意的……"

孩子犯错是很常见的,但有些孩子犯错之后会下意识地把责任推给他人或一些客观原因。比如,考试没考好,孩子会找各种借口:"这次的题太难了。""老师上课讲得太快。""大家都考得不好……"这些借口说的都是别人的原因,而很少有孩子自我反思。

有相关调查研究的结果显示,60%以上的处在成长阶段的孩子有推卸责任的习惯。不过,这并不代表孩子的人品存在缺陷。孩子惯于推卸责任,可能有以下两个原因:

一是孩子被过度溺爱。比如,跟随爷爷奶奶等老一辈人成长起来的孩子,从小就是家里的"小皇帝""小公主"。不论他们做错了什么事,老人们或出于疼爱心理,或认为孩子还小不懂事,往往会为他们寻借口开脱,甚至有些老人直接帮孩子揽下烂摊子。久而久之,这会导致孩子不愿意承担自己的错误,一遇到问题就习惯性地将责任推给别人。

二是孩子从前犯错时会主动承认错误,但认错后仍会受到父母严厉的批评甚至惩罚。比如,孩子在认错后,父亲为了让他记住这次教训不许他吃饭,或者是给予一定的体罚。这些做法都会让孩子惧怕再次主动承认错误。这类孩子推卸责任往往是出于自我保护,害怕受到父母的责罚,所以撒谎否认自己犯错。

某新闻中有一个9岁的男孩,他在与父亲买菜回家乘电梯时调皮地把每个楼层按钮都按了一遍。父母得知此事后,考虑到孩子的行为给邻居带来了不便,于是让孩子写了一份检讨书贴在了电梯门口。从检讨书中可以看出,孩子已经认识到自己所犯错误的严重性,并真诚地向邻居们认了错,道了歉。孩子妈妈认为,孩子犯了错,应当为自己的错误负责。

教育孩子为自己犯的错误负责,有助于培养孩子的责任心,让孩子成长为一个独立、有担当、拥有健全人格的人。

非暴力沟通的语言方式

父母在教育孩子的同时应当要以身作则,当自己犯错时要勇于承担错误并积极改正,为孩子做好表率。

一、肯定孩子主动认错的态度

当孩子为自己不小心打碎了杯子向父母道歉时,父母可以这样说:

> "我很高兴你主动向我认错,我原谅你了,希望你下次用杯子时小心一些。"
>
> "虽然你打碎杯子让我有点儿不开心,但你敢于承担责任这一点很值得表扬。"

当孩子为自己贪玩导致成绩下降向父母认错时,父母可以这样说:

> "既然你已经认识到了自己的问题,我相信今后你会改正的,下次考试一定能够进步。"
>
> "如果你能够通过这次考试纠正自己的错误,那么我认为这次考砸了,我们还是有收获的。"

父母应对孩子主动认错、勇于承担自己责任的态度予以表扬,而非惩罚,以此来消除孩子对认错的恐惧,这样孩子就不会因害怕受到责骂而推卸责任。

二、引导孩子为自己的错误负责

当孩子因忘记和朋友的约定而爽约时,父母可以这样说:

> "我想如果你的朋友答应了你一起去玩却没来,你一定也会很失望或生气,对吗?"
>
> "这是由于你的个人原因爽约的,如果他生你的气,你可以诚恳地向他道歉并解释,请求他的原谅。"

当孩子不小心用画笔弄脏了同学的校服时,父母可以这样说:

> "我相信你不是故意的,你可以想一想怎么补救,把自己的办法告诉你的同学,征求他的意见。"
>
> "既然是由于你的错误弄脏了同学的衣服,那么你就有责任处理自己造成的结果。你有什么好想法吗?"

父母要教给孩子承诺的事就要做到,没有做到就是"失信",应该承担起自己失信的后果。如果没有做到自己的承诺,那么应该向被承诺的一方道歉,不能逃避。孩子自己想办法解决问题或是去道歉寻求原谅的过程,实际上就是在为自己所犯的错误负责。

怎样让孩子学会自己管理时间

 情景展现

妈妈:"作业写完了吗?"

小芸:"还没有,我去一下卫生间。"

妈妈:"写到哪儿了?"

小芸:"快了快了,妈妈,我想吃苹果。"

妈妈:"都写两个小时了,你到底还剩多少作业?"

小芸:"马上就完!你别老催我!"

我们似乎总是面临这样的问题：孩子写作业拖拉，早晨爱赖床，没有时间观念，常常迟到……这些现象在有娃的家庭中十分普遍。父母为了解决这些问题也付出了许多努力，诸如为孩子制订时间计划，严格计算孩子做某件事的时间，到点就像"人型闹钟"一样提醒孩子该做什么。然而，这样的方法往往见不到明显的成效，常常是父母越催，孩子越慢。许多父母为此焦急，甚至发出"真是皇帝不急太监急"的感慨。

为什么会出现这种现象呢？《合理安排时间》一书中提出的理念给了我们答案：孩子拖延，并不是因为叛逆或不听话，而是由于父母一直帮助孩子管理自己的时间，孩子没有管理时间的自主权。

如果父母把时间的支配权还给孩子，让孩子自己做主，孩子做事自然会更有积极性、主动性和自律的意识。

把时间的管理权交给孩子，其实就是把属于孩子的责任还给孩子。比如，孩子赖床迟到的责任，还有作业写不完的责任，本就该由孩子承担，但父母总是不由自主地揽在了自己身上，所以才会在孩子起床和写作业的事上表现得比孩子更着急。把责任还给孩子，孩子才会开始思考："要想按时交作业，我该怎么做？""要想不迟到，我该怎么做？"孩子时间管理的主动意识由此产生。计划形成后，不用催，孩子会自动执行，因为他们已经从内心里认可这是自己的事。

对学龄儿童而言，如果他们无法随年龄的增长合理地管理自己的时间，那么他们在学习上也会遇到越来越多的困难。

也有父母认为，孩子还小，哪里会管理时间？实际上，这只是父母的一种错觉，源于父母对孩子的不信任。作家多萝茜·里奇曾说："通过训练，父母甚至可以帮助刚学走路的孩子学会独立管理自己的时间，这样他们就无须不停地催促和帮助孩子们做事情了。"

父母的终极目标应该是帮助孩子建立起"自律系统"。不过，时间管理的训练需要循序渐进，不可能一蹴而就，父母不应给孩子太大的压力。

非暴力沟通的语言方式

父母需要在日常生活中注重培养孩子的时间意识，以便孩子随年龄的增长树立正确的时间观念，为日后学习自我管理时间奠定基础。

一、让孩子感受时间

在孩子出门上幼儿园之前，父母可以这样说：

> "宝宝，现在是 7 点 10 分。你来想一想，我们从家到幼儿园需要多长时间呀？"
>
> "今天妈妈想请你帮一个忙，请你戴着这块表，帮我记录一下从出发到幼儿园的时间。"

在带着孩子在花园里玩耍时，父母可以这样说：

> "现在是下午 3 点半，我们 4 点半之前要回家做饭。你想再玩多长时间？"
>
> "我希望你自己想着点儿时间，或者每过 10 分钟我提醒你一次。你觉得可以吗？"

当孩子年龄还小时，父母可以通过猜时间、练习感受时间等方法培养孩子的时间意识，让孩子对时间有较为清晰的概念。

二、鼓励孩子自己安排时间

当孩子放假开始放飞自我时,父母可以这样说:

> "开学前恶补作业,可是很辛苦的。你不妨制订一个作业计划,每天做一点儿。"
>
> "放假前一周可以好好玩几天,后面最好安排个学习计划。"

当孩子周末早上不起床时,父母可以这样说:

> "难得的周末要是都在床上度过,也没有意思呀。你想过一个有意义的周末吗?"
>
> "春暖花开了,你来计划一下,让我们过个酷炫的周末怎么样?"

不要越俎代庖地给孩子制订计划,然后强迫他去执行,那样只会打击孩子的积极性,孩子也往往不领情。如果父母能够正确引导孩子自己制订计划,那么他在执行的过程中就会变得积极主动,同时也能体会到更多成就感和快乐。

不要焦虑，孩子有自己的成长节奏

 情景展现

小健："骑车太难了，我总摔倒！"

妈妈："没事儿，别怕，再来一次。"

小健："你看，又摔了，我不学了！"

妈妈："刚开始学车摔倒是很正常的，你不练怎么能学会？"

小健："没意思，反正我就是不想学了。"

妈妈："邻居家的妹妹5岁就会骑车了。你一个男孩子，都6岁了还不会，还不赶紧学！"

沟通解析

父母们希望孩子"赢在起跑线上"的心态不仅限于学习成绩,而是体现在方方面面。看到孩子在幼儿园的同班同学已经能够表演唱歌,而自家孩子说话都还有些不利索;邻居家的孩子已经学会骑自行车,而自家孩子尚不能摆脱辅助轮;亲戚家的女儿3岁就能背很多首唐诗,而自家孩子5岁了,却连一首唐诗都背不全……父母内心的焦虑和急切往往会一天比一天更盛,于是会忍不住逼着孩子去学,结果不能如愿,内心就更加焦虑。

意大利幼儿教育家蒙台梭利博士曾说:"孩子有与生俱来的生命潜能。"不过,每个孩子的成长速度不同,对同一个技能的习得也很自然地会有先后之分。比如,两个孩子学骑自行车的经历可能会完全不同:哥哥的习得过程可能是一波三折的——6岁时未学会,7岁时再学,每次都有一点儿进步,直到8岁才彻底学会;而妹妹可能只在6岁时花了一天的时间就学会了。一奶同胞的孩子尚存在这种情况,可见孩子的成长速度不同是一种普遍现象。

父母的过度焦虑会传染给孩子,让孩子产生自我怀疑。例如,孩子本身就因背不下来古诗而感到沮丧,这时父母不加以安慰和鼓励,反而还"火上浇油",对孩子表达失望和不满,甚至以"比你年纪小的孩子都会背了"这种话来试图激起孩子的胜负欲。殊不知,这非但不能帮助孩子尽快掌握技能,反而只会让孩子跟着一起焦虑。在父母焦虑和批评的话语中,孩子的自信心会受到极大打击。久而久之,孩子会越来越不敢去做,越来越做不好、做不对,最终形成自卑心理。

父母"揠苗助长",也许能让孩子一时超越他人,自己内心也能获得暂时的满足,但长远来看并不是一件好事。"天才神童"魏永康38岁患病离世,让人唏嘘不已。他短暂的一生如同传奇——4岁完成初中课程,8岁入读县重点中学,13岁高分进入湘潭大学物理系,17岁被中科院破格录取,20岁时被中科院劝退,理由是缺少生活自理能力。

教育不仅仅是为了让孩子考上一个好的大学,得到一份好的工作,更是为了让孩子在知识中汲取智慧,收获成长。这是一个漫长且值得期待的过程。正如德国教育学家第斯多惠所说:"教学的艺术不在于传授本领,而在于激励、唤醒和鼓舞。"在养育的道路上,静待花开的笃定和从容,是给孩子最好的爱。

非暴力沟通的语言方式

孩子在学习新技能的过程中遇到了障碍,父母要注意不要急于求成,更不能强迫孩子去立刻学会;可以先让孩子放下,等过一段时间再进行尝试,要给孩子成长和发展的时间。

一、适当鼓励不勉强

当孩子学习骑自行车总是摔倒时,父母可以这样说:

> "慢慢来,不用着急。你这次比上次多骑了一米,已经是很大的进步了。"
>
> "如果你不想学了也没关系,过段时间等你想练时咱们再继续。"

当孩子背不下来古诗时,父母可以这样说:

> "我知道你真的很努力想背下来,但可能记忆这首诗对现在的你来说还有一定的难度。"
>
> "不用着急,你现在已经会写诗中所有的字了,我相信你早晚能背下来的。"

当孩子为自己学不会而感到挫败时，父母应温柔安慰，及时鼓励，将平和的心态传递给孩子，充分表达对孩子的信任，帮助孩子缓解失败的沮丧情绪，树立自信。

二、耐心鼓励孩子学习新技能

当孩子不会使用筷子时，父母可以这样说：

"来，看爸爸妈妈是怎么用的，你可以慢慢锻炼。"

"不急着立刻学会，但学习使用筷子是很有必要的。宝宝长大了，就不能一直用勺子吃饭了哦。"

当孩子5岁了还总是尿床时，父母可以这样说：

"现在我们还是需要包纸尿裤睡觉，不过如果你不想包了，我们可以慢慢养成睡前上厕所的习惯。"

"晚上睡觉时，如果你想上厕所，可以随时叫醒爸爸妈妈，或者把灯打开自己去。"

孩子成长得较慢，父母不用着急，但也不能一味地放任，比如孩子一直学不会用筷子就让他一直用勺，这是不行的。每隔一段时间，父母应该适当地训练孩子，引导孩子养成正确的行为习惯。

不要凭自己的眼光，轻率地给孩子贴上标签，限定孩子的人生。就算孩子在学校是差生，就算孩子有一身毛病，就算孩子生来就有缺陷，但他们身上仍然拥有不为人知的潜能。父母帮他们找到释放的出口，他们就能创造奇迹！

Part 6 让孩子更优秀的正面语言

"别人家的孩子"不能随便说

情景展现

　　一位妈妈经常把"别人家的孩子"挂在嘴边。一次,她对孩子说:"你看看隔壁小米,从来不上英语课外班,可每一次英语都能考100分。你呢,上着英语课外班,才考95分。"

　　孩子忍不住,霸气回怼:"我不是别人家的小孩,你还不是别人家的妈妈呢!"妈妈气得火冒三丈,却又无从反驳。

沟通解析

父母动不动就拿别人家的孩子和自家孩子比，目的无非是想激励孩子，让孩子变得和别人家的孩子一样好。这源自于父母内心的欲望，他们看到别人家的孩子那么优秀，就期待自家的孩子也要做到，否则就说明自己养的孩子资质平庸，或者说自己教育失败。相比自己的期待，父母已经顾不上关注孩子的个人感受，结果深深地伤害到了孩子而不自知。

在某档电视节目里，有一个小姑娘叫小袁。她的闺蜜是学霸，每次考试都是全校第一。可小袁的妈妈经常对小袁说："你看你成绩那么差，人家考全校第一，她怎么会愿意跟你交朋友？"

小袁非常难过，在台上哭着对妈妈说："孩子不是只有别人家的好，你自己的孩子也很努力，为什么你不看一下？"

教育家简·尼尔森在《正面管教》一书中说，大多数父母虽然知道拿别人家的孩子与自己的孩子比较，是不明智的行为，但他们仍然会忍不住去比较，即便不公开比较，也会在心里默默地比较。

比较涉及的范围非常广，从成绩到为人，从身高到体型，从脾气到爱好，乃至于吃饭是不是挑食，见人是不是打招呼，简直是无所不比。但这种比较并不能激发孩子的上进心，反而会使人陷入思维的死角，产生巨大的精神压力和极端的自我肯定或者否定，可以说具有极大的"毒性"。

孩子最在乎的莫过于父母的感受和看法。当父母总是数落自己的孩子这也不如别人，那也不如别人，孩子内心就会觉得自己一无是处。他们会因此否定自己的能力，像一个蹲在角落里被遗弃的孩子，内心充满深深的无助和自卑感，满脑子都是破罐子破摔的念头。

另外，当父母总是欣赏、肯定、羡慕别人家的孩子，而对自家孩子处处不满，甚至否定和打击时，孩子就会认为只有自己变成别人家的孩子，才能获得父母的爱。如此一来，孩子就会特别在乎别人的看法和评价，在做事的过程中完全屏蔽掉自己的主观感受，完全以外界的标准来驱使自己，在心理学上这被称为

"与自己失去了联结"。

这样的孩子在长大后,无论是在工作的选择,还是在生活的喜好上,抑或是在人际关系的应对以及婚恋伴侣的选择上,都很容易陷入迷茫,不知如何表达自己的想法和感受。

非暴力沟通的语言方式

父母千万不要再做这种无意义的比较,那是对孩子的不尊重。哲学大师奥修说:"玫瑰就是玫瑰,莲花就是莲花,只要去看,不要去比较。"如果真想通过比较激励孩子的上进心,就要采取正确的沟通方式。

一、鼓励努力赶超别人

孩子跳绳没别人跳得多,父母可以这样说:

> "跳绳呢,是个技术活儿,想要跳得好,跳得多,只能靠多练。我听萌萌妈妈说,萌萌每天都会跳半个小时呢。"
>
> "刚才中间停顿了几下,耽误了一些时间,你要是再练习练习就可以跳更多。"

孩子考试没别人考得好,父母可以这样说:

> "我觉得,下一次,你只要努力一点点,就能超过很多同学。"

"最难的两道题你都做对了,一分都没有丢,怎么做到的?能不能给我讲讲?"

错误的比较只会长他人的威风,灭自己孩子的志气,让孩子越来越自卑。正确的鼓励则能激发孩子的自信心,让孩子专注于提升自己,努力进步。

二、发现别人没有的优点

孩子成绩不如别人,父母可以这样说:

"不管别人考了多少,你这次比上次进步了不少,值得庆祝!"

"学霸不是一天两天就练成的,也不是一周两周就能赶上的。但你经常能在生活中发现一些问题,我觉得你比很多孩子都善于思考。"

孩子没别人写作业主动,父母可以这样说:

"虽然你总是让我催作业,但打球从来没让我催过。我觉得把身体锻炼得健健康康,比学习更重要。"

"虽然我催你写作业,催得你心里很烦,但你写作业从不敷衍,每个字都写得很认真。"

不管孩子表现得有多差,都要努力去发现孩子身上的闪光点,给予肯定。让孩子意识到,自己并不是处处不如别人,这样才能保护其自信心。

为什么要避免给孩子贴"负面标签"

 情景展现

妈妈："今天开家长会，老师说数学拉你的后腿了。"

聪聪："我一看数学书就头大，我不喜欢数学。"

妈妈："我上学时也是不喜欢数学，这一点你真是随了我了。"

从此，聪聪对数学更加不上心，成绩越来越差。

 沟通解析

"连个玩具都不愿意分享,你太自私了。""我家孩子就是内向,不爱说话……"这些父母常常脱口而出的话,都是在给孩子贴"标签"!著名儿童学家阿黛尔·法伯说:"永远不要低估了你的话对孩子一生的影响力。"

心理学上有一种"标签效应",即当一个人被贴上某种标签时,他会更容易下意识地依照标签行事,渐渐地和标签更加贴合。也就是说,被父母贴上"笨"的标签的孩子会相信自己真的很笨,甚至越来越笨;被贴上"自私"标签的孩子会越来越不愿与他人分享;被贴上"不爱说话"标签的孩子的话会越来越少。

显然,"标签"具有强烈的暗示和引导作用。如果不及时扭转态度,那么父母对孩子的负面看法就会令他们丧失自信,滑向自卑、消极的深渊。

为了避免给孩子贴标签,父母需要多倾听孩子的想法,就事论事,不对孩子进行"下定义"式评价,同时给孩子无条件的爱与支持,教孩子正确认识自己。

 非暴力沟通的语言方式

父母不仅要摒弃给孩子贴标签的习惯,还要撕掉他人给孩子贴的负面标签。

一、使用积极乐观的表达

当孩子忘记带某件东西时,父母可以这样说:

"你把文具盒忘家里了,能不能问同学借一支笔用呢?"

"你手套忘记戴了?没关系,我们回去取吧,时间也来得及。"

当孩子偷拿了家里的钱时，父母可以这样说：

> "你拿钱买零食和同学分享，说明你是个大方的孩子，以后会有好人缘。不过，你花的是妈妈的钱，下次记得提前跟妈妈说一声，我允许了，你才能拿哦。"

经常对孩子说"没关系""别紧张，慢慢来""你肯定能想到办法"……这些鼓励的话语就像阳光，会照亮孩子的内心，让孩子充满自信地向上生长。

二、帮助孩子撕掉别人贴上的"负面标签"

当孩子因老师给出的"脑子笨"的评价而沮丧难过时，父母可以这样说：

> "老师只是看到了在学校表现不佳的你，她的评价并不全面。你要相信爸爸妈妈，在我们的眼中你绝对不是一个笨孩子。"

当孩子因为不打招呼而被外人评价"不爱说话"时，父母可以这样说：

> "第一次见面他有些害羞，但是熟了以后你会发现他非常活泼。"

父母要引导孩子正确认识自己的优缺点。面对他人给孩子贴负面标签，父母要懂得维护孩子，让孩子感受到父母的信任、鼓励、支持与爱。

如何正确看待孩子的分数

 情景展现

妈妈:"你期末考试的成绩怎么这么低?亏我在外面逢人就夸你学习好,你这成绩真让我觉得丢人!"

小霞:"考试那天我的状态不太好。"

妈妈:"别找借口,你最近是不是光顾着玩,耽误了学习?"

小霞:"没有,我只是这一次没考好……"

妈妈:"这一次没考好,万一中考也没考好,高考也没考好呢?那你就没有大学上了!"

# 沟通解析

著名主持人白岩松认为，很多父母唯成绩是图，已经畸形化。比如，孩子只不过是一次数学考试没考好，父母就急得团团转："完了，他这么没有数学天分，以后小升初、中考、高考可怎么办哪？考不上好大学，这辈子不就完了吗！"

分数的高低固然不能忽视，但如果人生真是学校那几张试卷决定的，那未免太儿戏了。新东方教育集团创始人俞敏洪强调："分数对孩子的确很重要，但不能因为孩子分数低就认为孩子没出息。人的成长是一辈子的事情，肯定不是由孩子在小学、中学考的分数决定的。所以，父母一定要改一改判断成功的标准。"

要摆脱成绩对孩子心灵的束缚，最重要的就是父母不要只以分数为标准给孩子施压。著名作家林清玄曾分享过这样一段话："如果你的孩子是第一名，那就别让他那么努力，轻松进到七到十七名，那才能成功嘛。如果你的孩子是后几名，那就让他努力进到前十七名里面。"

为什么这么说？林清玄解释，这是因为处于这个排名中的孩子，压力小，比较轻松，所以更有创造力。而且，这群孩子人际关系比较好，能和第一名做朋友，也能和最后一名做朋友。所以，那些世界精英，都不是当年班里的尖子生，在班里的排名多是处在第七名到第十七名之间。一个知名企业的人力资源经理在总结多年的招聘经验时，也发现在校学习成绩中上等的孩子是最有前途的，尤其是那些兴趣广泛，成绩还是中上等的孩子，进入社会一般都比较有出息。

就算孩子暂时落后于人，在班里是个中等生甚至是差生，父母也不必过度焦虑。林清玄还曾说过这样一段话："可能小孩成绩不是很杰出，不是那么好，但是不要放弃。因为世界上每个孩子都不一样，就像种植物，山坡地种竹笋、香蕉，沙地种西瓜和哈密瓜，烂泥巴里种芋头，不同植物适合不同的土地，不是只有一个样子的。"

总有一块地适合孩子这颗种子，父母应学会多元化地培养孩子，不要仅仅因为成绩差就给孩子贴上注定失败的标签。

 **非暴力沟通的语言方式**

孩子没考好，本身就会感到内疚和难过。此时，父母要做的应该是安慰与鼓励，不否定、不打骂，正确地看待分数，教孩子以平和的心态应对考试。

一、正确安慰和鼓励考砸的孩子

当孩子的成绩突然下滑时，父母可以这样说：

> "让我们来一起找找错题的原因，看看你哪部分知识没有掌握好。"
> "我想这只是一次小失误，是不是因为前两天爸爸妈妈吵架影响到你了？"

当孩子认真复习了却还是考得很差时，父母可以这样说：

> "爸爸妈妈知道你为了这次考试很用心地复习，最后的成绩不理想，我们和你一样难过。"
> "我们可以从这次试卷中总结错题，改进复习方法。下次考试，我想你一定会有进步。"

当孩子考砸时，父母可以用帮助孩子分析原因、认可孩子为学习付出的努力来代替指责和批评，这样有助于孩子从失败中振作起来，改进自己的学习方法，保持对学习的动力。

二、引导孩子正确看待自己的成绩

当孩子很努力但成绩一直不理想时，父母可以这样说：

> "你这次分数低是因为这次考试的题比较难，整个班级的平均分也低，相比而言我认为你进步了。"
>
> "和自己相比，你不是有了很大的进步吗？这种类型的题错了两次，你以后肯定不会再错了，这就是进步。"

当孩子因为成绩差而被他人批评没有前途时，父母可以这样说：

> "我认为你身上勤劳、善良、热情的美好品格，是比成绩更宝贵的东西，拥有它们同样可以让你成为一个成功的人。"
>
> "成绩不能决定你的终点，靠自己勤劳的双手才能创造出你想要的生活。"

父母要善于发现孩子的点滴进步，及时给予鼓励，并引导孩子摆正心态，正确对待成绩，避免制造"分数决定一切"的恐慌与焦虑，让孩子更重视自身全面的发展与成长。

怎样学会接纳孩子的不完美

情景展现

"这么大了还尿床,真羞羞。"

"瞅瞅你的字,像鸡爪挠的一样。"

"你怎么干啥都这么慢?急死我了。"

"你怎么一天到晚闯祸?"

"都教你三遍了,你怎么还没学会?"

"见人也不打招呼,你怎么一点儿礼貌都没有?"

"……"

沟通解析

内向，不爱说话，肢体不协调，背诵东西慢，阅读障碍……在父母眼中，即使孩子再优秀，也还是会有一些小缺点。不论孩子做得多好，父母总是吹毛求疵，恨不得孩子能够连那一点儿小缺陷也改掉，变得完美无瑕。但这样的期望是不合理的，因为没有人能够十全十美，况且连父母自己都做不到绝对完美，又如何能要求孩子做到呢？

生活在这样不切实际的期望之下，孩子只会觉得自己已经很努力，做得很好了，但永远不能让父母满意。长此以往，孩子会变得自我认同感低下，极度不自信，抗压能力差，害怕与人交往暴露自己的缺点，甚至变得抑郁，对生活缺乏应有的热情。

为何父母自己做不到，却要求孩子完美呢？有两个原因：一个是父母将自己的愿望投射到了孩子身上，希望孩子能够成为自己没能成为的完美的人，以弥补自己的遗憾；另一个则是父母将孩子当作炫耀的"资本"，认为孩子是自己的附属品，孩子的成绩是自己的脸面，孩子做得不好是丢父母的脸。

每个孩子都有自己独一无二的个性和特质，相比自己人生的愿望以及自己的脸面，父母更应该尊重孩子作为"人"的独立性和主体性，接纳孩子的不完美。

爱迪生8岁时，被学校以"低能儿"为由赶了出来。妈妈对他说："老师说你是低能儿，但我不这样认为。"她决心在家自己教育儿子，使他成为世界上第一等的人。后来，爱迪生果然做出一番大事业。回忆起儿时的事，他十分感激自己的母亲："当教员说我是笨蛋时，她极力为我辩护。"事实上从那时起，小爱迪生就决定要为母亲争脸面，绝不辜负她的一番苦心。

奥地利著名心理学家阿德勒说："追求卓越是人的本性。"每个孩子生来都有一颗积极向上的心，父母若是引导得当，就能够激发他们自身无尽的潜力。

接纳孩子的不优秀、不完美，其实就是接纳孩子成长进步的空间。当父母接纳孩子的全部时，孩子会感到父母给予的爱和安全感。在这种情况下，他们会更有勇气去探索、挑战和学习。相信每个孩子都是独一无二的"种子"，都有自己的

"花期",尊重他的花期,耐心地守护他们成长,他们才能开出鲜艳的花。

非暴力沟通的语言方式

父母要积极看待孩子不完美的一面,尊重孩子作为个体的独立性,倾听孩子的声音,了解孩子的想法。不要过早地固定孩子的角色,而要陪伴孩子一同成长,帮助他们找到属于自己的人生轨迹。

一、表达对孩子的爱

当孩子担心自己考不好就不被爱时,父母可以这样说:

> "我爱你,不是因为你考得好不好,而是因为你是我的宝贝。"
> "你考不好也是我的孩子呀!不管你考多少,我都会一样爱你。"

当孩子因为被老师叫家长而害怕时,父母可以这样说:

> "老师找我,不是告状,而是对你负责。我很高兴老师像我一样在乎你。"
> "不管你在老师眼里什么样,老师怎么评价你,在我眼里,你永远是最值得我爱的宝贝。"

父母经常会让孩子误以为,只有自己表现优秀才值得被爱,因此变得自卑或者养成讨好型人格。无论孩子表现好坏，尤其是表现不够好的时候，父母更应该表达对孩子的爱，让孩子明白，父母的爱是无条件的，不会因为他们表现好坏而发生变化。

二、教孩子改变自我

当孩子体能不够好，800米跑步测试总是不及格时，父母可以这样说：

> "你的体能是短板，但努努力，坚持锻炼，相信还是能够跑进及格线的。"
>
> "咱们也不是要做运动员，你可以循序渐进，适当地锻炼，既能让考试及格，也对身体有益。"

当孩子理科成绩差时，父母可以这样说：

> "我很高兴看到你在文科学习上如此有天赋，如果你想考取文科的重点大学，加强理科的补习还是很有必要的。"
>
> "只要挺过这段时间，等你考上喜欢的文科专业，就可以不用那么痛苦地学理科了。"

父母要认识到孩子的长板与短板，正确面对孩子遭遇的挫折，引导孩子克服困难，在挫折中学习和成长。

最好的教育是言传身教、以身作则

 情景展现

晓萌跟妈妈去外婆家探亲。妈妈为外婆沏茶、做饭、打扫卫生，晓萌见了若有所思。

第二天妈妈下班回家，发现晓萌主动为自己沏茶倒水，还帮忙扫地。

妈妈："怎么想起来做这些了？"

晓萌："妈妈对外婆这样，我也要像妈妈一样。"

沟通解析

在《正面管教》一书中有这样一种说法:"家庭是孩子的第一课堂,父母是孩子的首任老师。"孩子从出生开始就会模仿父母。两岁以前,他们模仿父母的表情、发音、身体动作和语言,通过模仿学会说话和走路。三到四岁他们开始观察父母与物品的互动,模仿父母的样子探索杯子、电话、钥匙等物品的功用。在此阶段,孩子的模仿能力最强。四到五岁时,孩子对语言和肢体动作的运用已经渐趋成熟,这时他们开始模仿父母的行为与品格。因此,从这一阶段起,父母自身展现出的行为规范与品格素质格外重要。如果父母不守信用,那么孩子也会不守信用;父母撒谎,孩子也会撒谎;父母待人粗鲁,孩子也会没有礼貌……

意大利教育家蒙台梭利说:"孩子每一次的成长,都是从模仿大人开始的。"父母希望孩子成为什么样的人,自己就要先成为什么样的人。

被称为"国民才女"的武亦姝,在获得《中国诗词大会》第二季的总冠军后,又以613分的高考成绩被清华大学新雅书院录取。然而,武亦姝并非天生就是学霸,甚至在小时候,她还是老师眼中的"差生"。她的父母都是知识分子,却也一度头疼于该如何教育孩子。直到有一次一家人去拜访朋友,武爸武妈发现朋友家的孩子十分热爱阅读,便询问朋友教育方法。哪知朋友回答说,他们从来没有特意教育过孩子。原来,朋友家中有非常丰富的藏书,文学、社科、历史等各类书籍随处可见,家庭阅读氛围浓厚,全家人常常坐在一起读书,互相讨论感想,共同进步。武爸武妈听完深受触动,感慨"果然言传不如身教"。费尽口舌教导一万遍,都不如亲身做一遍对孩子起到的教育作用更大。

自那之后,武亦姝的父母改变了教育方法,从管理自身行为开始做起。下班后,两人就关掉手机,陪女儿一起阅读、学习,还会一起玩名著角色扮演、成语接龙等游戏,谁输了就罚谁做家务。年深日久,武亦姝渐渐拥有了深厚的文化底蕴,最终在舞台上大放异彩。

许多父母为了让孩子拥有一个光明的未来,不惜一切地付出了许多,也对孩子提出了许多要求。但希望孩子做到的同时,父母自己却无所谓,"己所不欲,却施于人"，最终又指责孩子不上进，达不到父母的期望。殊不知，父母是孩子最好的榜样。父母自己都不爱阅读，沉迷于刷手机、玩网络游戏、看电视剧，又有什么资格指责孩子玩手机、打游戏、不爱学习呢？

教育专家尹建莉曾说："成人心中有馨香，才能对儿童形成宜人的熏陶。"对于孩子来说，最好的教育就是父母以身作则，为孩子做好榜样，陪伴孩子一同进步和成长。

 **非暴力沟通的语言方式**

父母要管理好自己的言行，为孩子树立榜样：

一、为孩子做出正确示范

当孩子和父母比赛下棋获胜时，父母可以这样说：

> "你下得真好，输了真是令人沮丧，不过我还是要恭喜你。"
> "友谊第一，比赛第二！虽然输棋了很难受，但我仍为你感到高兴。"

当孩子参与大扫除时，父母可以这样说：

> "我们把储物间整理一下吧。我收拾这一半，你收拾那一半，看看谁收拾得又好又快。"
> "看，从左到右倒退着拖地，就可以避免踩到自己拖过的地方了。"

父母要起到带头引领的作用,将勤劳、宽容、大方等美德融入到与孩子互动的每一件小事里,从细微处润物无声地给孩子以指导。

二、互相监督

当孩子想玩手机时,父母可以这样说:

> "每次玩手机不能超过15分钟,谁超过,谁今天就负责洗碗拖地。"
> "我们一起看一会儿手机放松一下,但20分钟后就必须放下手机去做各自的事。"

当孩子不想运动时,父母可以这样说:

> "医生说妈妈得锻炼身体了,每天半个小时。我想请你监督我,你愿意吗?"
> "每天锻炼结束后,我就在日历上画一朵小红花。要不要跟我比比,看看一个月结束后谁的红花更多?"

父母可以请孩子来监督自己的行为,从而建立双方互相监督的规则制度。为孩子做好榜样的同时,父母自身的素质修养和能力也会得到提高。

如何培养孩子的成长型思维

 情景展现

妈妈:"期末考试,你英语都没上平均分。"

圆圆:"我不擅长学英语。"

妈妈:"你应该多花一些时间去背单词。"

圆圆:"没用的,我没有学习英语的天赋,怎么背也背不下来。"

妈妈:"你还没试过,怎么知道不行?"

圆圆:"我就是知道。"

 **沟通解析**

斯坦福大学心理学教授卡罗尔·德韦克博士指出，人有两种思维方式，一种是固定型思维，一种是成长型思维。她认为具备成长型思维的孩子拥有更大的发展潜力，未来也拥有更广阔的发展空间。

固定型思维的人习惯于把结果归结于先天拥有的东西，认为智力水平是固定不变的，成功了是因为自己聪明，失败了就认为是自己的智商不够。这样的孩子更喜欢听到别人夸奖他们聪明而非努力，逃避挑战，遇到困难容易退缩。

成长型思维的人则认为，自身的才能和能力能够随着不断的努力得到提升。这样的孩子相信只要自己努力就可以取得更好的成绩。他们勇于面对挑战，能从失败中总结经验，吸取教训。

比如，同样是遇到一道选做的难题，固定型思维的孩子会想："如果做错了，就说明我很笨，所以算了吧。"而成长型思维的孩子会想："反正只是选做题，错了也没什么损失，万一我能做对呢？"同样是五音不全，固定型思维的孩子会认为自己没有唱歌的天分，旋即放弃尝试；而成长型思维的孩子则会认为："如果我多练习，说不定音准能有进步。"

成长型思维的孩子会以发展的眼光看待一切事物，他们往往拥有坚韧的品格，强大的内在驱动力，更加乐观和积极的人生态度。对于他们来说，未来有无限的可能性。

 **非暴力沟通的语言方式**

成长型思维是能够被教育和培养的，父母需要引导孩子正确地看待挫折和失败，认识自身的能力。父母应看到孩子努力的过程而非只关注结果，鼓励孩子勇于尝试，积极地面对挑战。

一、告诉孩子失败了也没关系

当孩子担心在比赛中拿不到名次而不想参赛时,父母可以这样说:

"虽然不能保证一定能拿到名次,但我觉得你在准备比赛过程中的用心付出也是值得的。"

"只要你尽了最大的努力,就一定会有收获,过程比结果更重要。"

当孩子担心竞选班委失败想要放弃时,父母可以这样说:

"你如果去做了,不一定会失败;但如果不去做,就一定会失败。你真的不去试试吗?"

"竞选失败也没关系,展示自己能够为你积攒勇气和经验,也是很大的收获。"

当孩子怀疑自己的能力,觉得自己做不到,进而退缩时,父母不要给孩子太大压力,要求孩子必须做到,而是应该以豁达的心态鼓励孩子勇敢尝试,不要在意结果,从过程中锻炼自己,不断学习和进步。

二、培养孩子总结和反思的能力

当孩子英语考试成绩不理想时,父母可以这样说:

"考试的目的就是看看我们哪些知识掌握得不牢固。你看，有两道填空题是单复数的形式写错了，我们可以把特殊的名词复数形式整理一下。"

"前面的基础题都还好，阅读理解错得比较多。你是感觉生词比较多，还是时间不够用呢？"

当孩子滑旱冰总是摔倒，认为自己平衡能力差时，父母可以这样说：

"你可以先练习站立，站稳了，再开始慢慢练习滑行。"

"想一下你刚才成功滑过去那次是什么感觉，抓住那个感觉，再尝试一下。"

当孩子因失败而沮丧甚至茫然时，父母可以引领孩子分析失败的原因，总结问题所在，并适当地提出建议供孩子参考。等孩子稍稍掌握了总结的能力后，父母可以逐渐放手让他们自己反思，从而不断取得进步。

怎样才能提升孩子的自我价值感

 情景展现

悦悦:"妈妈,今天我写作业肯定得写到很晚。"

妈妈:"为什么?今天作业很多吗?"

悦悦:"不是,因为我得帮兰兰整理笔记。"

妈妈:"她为什么不自己整理呢?"

悦悦支支吾吾,说不出个所以然。

妈妈:"你为什么不拒绝她呢?"

悦悦:"我怕拒绝了,她就不跟我玩了。"

沟通解析

孩子不敢拒绝别人，或忽略自己的感受去帮助别人，说明他对来自他人的评价非常在意，这是孩子自我价值感低的表现。自我价值感是一个人基于对自身价值的认识而形成的自我判断和情感体验。自我价值感高的人，往往表现得积极、乐观、自信，自我价值感低的人则通常表现得自卑、脆弱、敏感。

通常，孩子自我价值感低的主要原因就是原生家庭的教育方式。如果父母总是对孩子做的事不满意，习惯性地否定孩子甚至嘲笑孩子的失败，那么孩子对自我价值的评价就很容易变低。这类孩子敏感脆弱，害怕发生冲突，习惯将错误归咎于自己；不敢拒绝别人，容易受到操纵。相反，自我价值感高的孩子通常非常自信，有较强的安全感和自尊感，尊重他人，也敢于为自己争取，且不容易受到伤害。例如，被评价"你长得真丑"时，自我价值感低的孩子会因此自卑，不敢与别人玩耍；而自我价值感高的孩子则会反驳"我才不丑呢"，这源于他的自信。

要想让孩子正确地认识并肯定自己的价值，就应为孩子营造充满爱的成长环境，建立良好的亲子关系，教孩子正确客观地评价自己。

非暴力沟通的语言方式

凡事要给孩子积极正面的回应，同时引导孩子学习自我认可与自我评价。

一、给予积极的回应

当孩子问自己是从哪里来的，父母可以这样说：

> "你是妈妈怀胎十月生出来的，是我和爸爸最爱的宝贝。"

当孩子问自己会不会有弟弟妹妹时,父母可以这样说:

> "就算有了弟弟妹妹,爸爸妈妈对你的爱也不会减少。你们都是爸爸妈妈的宝贝!"

父母要在孩子小时候就让他明白自己是家庭不可或缺的重要成员。对孩子提出的问题给予积极且充满爱的回应,告诉孩子父母对他的爱无论何时都不会变。

二、正确对待别人的负面评价

当孩子被同学指责小气时,父母可以这样说:

> "人人都有自己非常喜欢的东西,有时不想和别人分享也没问题。"

当孩子被同学嘲笑太胖时,父母可以这样说:

> "孩子,你没有错,错的是嘲笑你的人。只要不影响健康,胖一点儿的你更可爱。"

父母要教导孩子正确地看待他人的评价,并客观地做出自我评价。

正面管教，培养孩子好的行为

 情景展现

妈妈："刚才你表现得很好，知道为什么吗？"

女儿："因为我主动和阿姨打招呼了。"

妈妈："是的，而且她夸奖你有礼貌。你自己感觉怎么样？"

女儿："我是个有礼貌的好孩子。"

妈妈："没错，你之前不敢和人打招呼，现在做到了。看，这事儿也没那么难！"

女儿："我想我下次也可以主动打招呼。"

沟通解析

当父母夸孩子"有礼貌""勤劳""有耐心"时，会给他一种积极的心理暗示，让他们做出更贴合这种评价的行为。

行为心理学家认为，人的一切行为都是后天习得的。父母想增加孩子的正面行为出现的频率，那么就要对这种行为给予肯定或奖赏；想减少负面行为的发生，就对此给予批评教育。所以，如果我们希望孩子经常参与做家务，可以在他们帮忙扫地时肯定其"会干活儿""勤劳""懂得帮父母分担"；希望孩子拜访别人时主动打招呼，就夸奖他"有礼貌"……这些具有积极含义的评价，可以帮助孩子知道朝哪个方向前进，做哪些事是正确且值得被鼓励的。

心理学上将此称为"正强化"，即任何能够使今后进行该行为的可能性增加的结果。简单来说就是，对我们希望发生的行为给予奖励，这些行为就会得到进一步加强。在"正强化"中，行为的结果是积极的，所以该行为发生的频率会越来越高。给孩子贴上积极的标签，就是"正强化"的一种方式。

父母要注意的是，"正强化"的确具有一定的积极导向作用，但也要正确地使用。评价应恰当合理，同时使用频率不可太高。比如，若是给孩子贴上"聪明""小天才""神童"这样过于完美的标签，反而会给孩子造成过大的心理压力。被赋予这些评价的孩子需要长久地保持自己的优越感，才能维护住自己身上的标签，因此若是遇到挫折或失败，就会无法承受，变得抑郁。

通过积极阳光的正面评价来强化孩子的优点，可引导孩子充分发挥自己的潜能，获得更广阔的发展空间。

非暴力沟通的语言方式

在给孩子"正强化"的时候，不能过于夸大，应结合事实和生活细节来让自己的话更有可信度，从而给孩子正面积极的心理暗示。

一、正面强化孩子未知的事

当孩子到了上幼儿园的年龄时,父母可以这样说:

> "幼儿园可不是一般的孩子能去的,必须是表现很好的孩子,老师才让去。"
>
> "幼儿园里呀,有好多好多玩具,各种颜色都有。老师每天都带着小朋友一起玩,我做梦都想去。"

当孩子不愿意吃青菜时,父母可以这样说:

> "这个胡萝卜炖肉里的汤汁,都被胡萝卜吸走了。这味道,啧啧……太好吃了!"
>
> "听说这个西蓝花,连爱莎公主都爱吃,所以她才那么漂亮。我得多吃点儿!"

为了防止孩子不愿意去做一些事,父母可以针对这些事提前对孩子进行"正强化"。多描述其好的一面,越详细越好,越具体越好,让孩子产生向往之情,想要亲自去尝试。

二、正面强化孩子在做的事

当孩子为贫困地区的小朋友捐出自己的旧书时,父母可以这样说:

"读到这些书的小朋友一定会很高兴,他们会非常感谢你。"

"你的书保存得都很好,没有弄脏、弄破,相信收到这些书的小朋友也会爱惜它们。"

当孩子在运动会上努力拼搏时,父母可以这样说:

"你为了集体荣誉,每天都很努力地训练,这些日子辛苦你了!"

"我看你全程都没有一点儿松懈,虽然没有拿到名次,但尽力更重要,说明你很有责任心。"

积极正面的评价可以起到激励孩子的作用,让他努力去变成你描述的样子,比如无私、有爱心、认真、敢于拼搏、有责任心等。